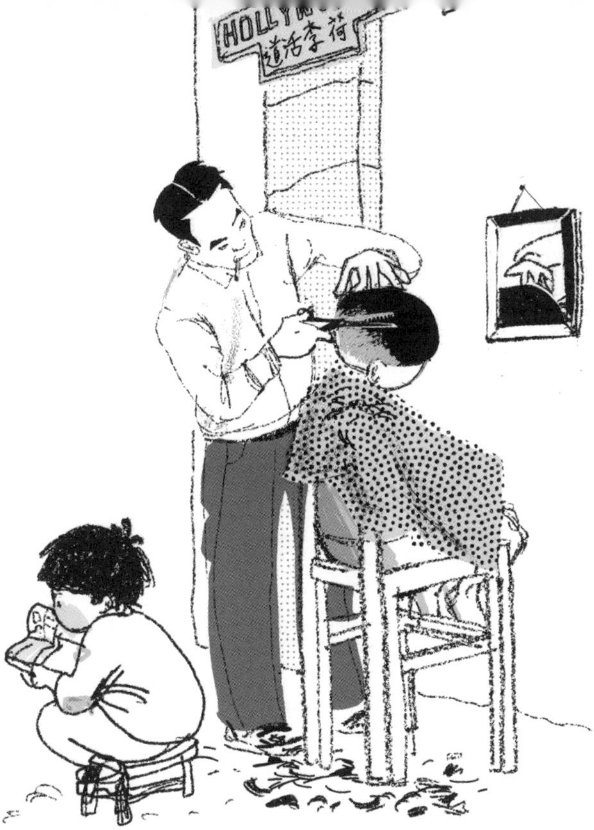

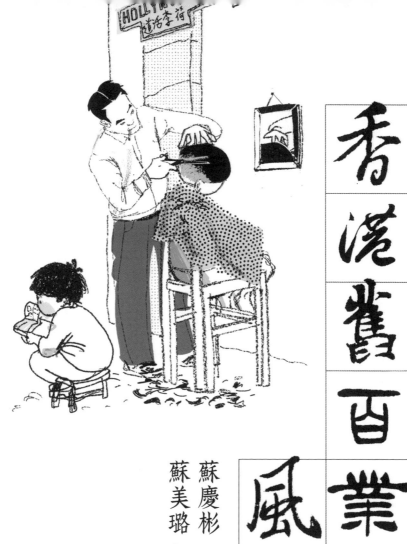

香港舊百業風貌

蘇慶彬・何淑珍 合著
蘇美璐 插圖

目錄

序言

香港戰前街檔、行販各業的式微與發展

蘇慶彬

香港在日軍侵佔淪陷前，人口不過七、八十萬，僅是現在的十分之一。除了極小部份新建築的高樓大廈外，普通樓宇高度只有三、四層。街上除了一些繁盛商業地區，車輛和行人還是很稀少的，所以，當時街頭巷尾，處處都有擺放檔口和流動小販的各種行業。而許多市民都藉此小本經營賴以維生，得以養活全家人。這是香港當時極普遍呈現的狀況。

昔日空中所見是螺旋槳式的飛機，當日還盛傳月亮有吳剛伐樹、嫦娥奔月的故事；今天世界已進入太空時代，人類已經登陸月球，太空人經常在太空漫遊。而香港以前原有各行業的小販，若非有高速發展，則絕大多數已是式微而成為陳蹟，能保留不致式微而更可擴大發展的，則要看以後生活上是否有此需要而演變了。

例如：昔日在街邊掛着用紅色紙寫着：「有房出租」、「店舖轉讓」、「招請女傭」等字樣的街頭經紀，他們只賺取一些「鞋金」（即佣金，代客人跑腿的

意思）。現今這些行業已經變成大規模的地產公司，或職業介紹機構，部份更成為上市大企業。又例如：在街邊一角，以往坐着專替婦女捲臉毛、梳頭的化妝行業，而今一變卻成為理髮廊或時尚的美容院、化妝公司了。昔日在街上單獨一人、或三五成群聚在一起的「咕喱」（苦力），他們在等待僱主來招請作搬家或運貨的行業，現在已蛻變為大規模運輸公司的物流行業了。回顧以前擺字花作私人賭博的檔口，今天更成了政府合法「六合彩」的賭博公司，現今獎金動輒千萬元。

值得一提的是以前在街邊出租連環圖街檔，連環圖即公仔書，書內描寫的如千里眼、順風耳、放飛劍、飛天遁地諸如此類不可思議的神化式構思內容，現今已真的蛻變成在手機上面對面談話的千里眼、在天涯海角中任何地方都可以通過長途電話而談話的順風耳，而今兩國敵對陣前交鋒中放的地對空飛彈，更如前人交鋒時描畫的空中放飛劍。空中的飛機、陸上與地下海底連接的隧道、地鐵等交通建設中，人人都真的可以飛天遁地，連環圖書小說中說的種種現今都一一實現。而那些看連環圖公仔書的檔口，現已變成坊間書局或圖書館。

以前許多街頭小販，經過時代的變遷洗禮，未能蛻變為現代化的大企業，很多的都只有沒落而成為陳蹟，縱使苟存，亦屬鳳毛麟角。

回顧，昔日街頭的街檔與流動小販各行業，不僅可窺見香港數十年來的演變，亦可重睹香港從前大部份人生活狀況的一斑了。

畫人像

修理爛遮

收買爛銅爛鐵

倒夜香

街邊歌壇

收買佬

理髮檔

鏟刀

拉車佬

磨鉸剪

屎坑公

寫信佬

擦鞋仔

炒栗子

擺棋局

椰子夾酸薑

賣衣裳竹

手推雪糕車

箍沙煲

臭豆腐

竹蔗檔

碼頭海鮮檔

糖水檔

染衣服

裹蒸糭

砵仔糕

烚花生

講古佬

補鞋佬

賣柴佬

棉花糖

賣雜碎

送殯樂隊

補爛衫褲

配匙開鎖

大夾餅

賣紗綢

打小人

釘木屐

白糖糕

煨番薯

粉麵大排檔

派報紙佬

麵粉公仔

鉅石仔

麥芽糖夾梳打餅

報紙檔

狗仔粉

烘烤魷魚

啄啄糖

占卦算命

閹雞仔

咕喱

公仔書檔

剪牛什

龍鬚糖

炸油器

賣馬票

拉臉毛

茶水檔

飛機欖

賣藥

摘芽菜

剝蝦殼

豆腐花

鹹脆花生

古董攤

楔子

以下是香港戰前街檔、行販、各行業諸篇中略分的六大類別：

〔一〕街頭巷尾受僱傭的工人
〔二〕街頭小食（無牌流動小販）
〔三〕各式無牌流動小販
〔四〕各類固定攤位的行業（細牌照街檔）
〔五〕大牌檔
〔六〕半流動形式的小販行業

這是香港尚未進入新現代化之前的一個階段，全是描寫香港淪陷前後，當時部份港人的生活概況。尤其着重描述戰後從中國內陸各地逃難來香港的人，他們為解決日常生活需求，冀求能在香港困難環境下立足，得以安居樂業，故無論男女老幼，有能力者，皆以自己的一技之長努力工作，以賺取蠅頭小利得以餬口，因此街頭巷尾的各種技能表演、體力勞動的工作，各類街檔、小販行業，如雨後春筍般的大增。篇中雖是分別寫戰前街頭小販、街檔及各種不同類型行業，實也是引證香港史上各類大企業蛻變前的部份港人生活特色，更從以往式微行業中及小販消失沒落的文化裏，回顧香港今日各業蛻變發展的過程，見證百年歷史時代的起飛。

〔一〕街頭巷尾受僱傭的工人

回顧百多年來的香港史，街頭販賣早已存在，亦是香港的生活特色之一。在昔日未有小販監管制度時，小販的攤檔擺賣無疑是提供部份港人維持生計的臨時解決方法，但小販經營始終需有資金，才可以擺檔做小本買賣，加上小販的收入亦不能確保他們日常生活支出，所以，除了一部份港人上街做販賣外，替別人「打工」也是另一個好的謀生方法。

逃來香港「避難」的人，多是貧苦的一群，他們既沒有帶來充裕資金，亦沒有高深學歷、更沒有受過特殊的專業訓練，他們只憑着生存的堅強意志力與及奮鬥精神、有健康的體魄，或略懂的技能，不怕艱辛的替他人工作，賺取有限薪金以解決日常生活燃眉之急，故部份人除能受僱於有瓦遮頭工作環境外，街頭巷尾處處都遍佈着他們工作的足跡，從歷史上看亦是昔日港人生活特色之一。

1 代報商派報紙的派報紙佬

香港的報業，最初只是把當日發生的重要事情，急印成一頁簡單的報章（刊物），由小童上街叫賣的「號外」。香港的報業實始於香港未被日本佔領前，日人在一八九九年已創辦了中文版的《東報》，對象是居港的日本僑民。其後於一九四一年十二月二十五日港督楊慕琦簽下投降書，香港遂告失守。在「日治時期」香港淪陷的一段日子裏，只有《華僑日報》、《香島日報》、《東亞晚報》、《南華日報》、《香港日報》的數份「親日」報紙能繼續出版。一九四五年八月十五日，日軍投降，香港終度過了「三年零八個月」日人統治的一段黑暗歲月。隨着日軍撤退，「親日」的報章，當然也黯然停刊，不過，從上述這些報刊章節中，可以窺探到日本當時統治香港的主要措施，一定程度上也可反映了淪陷時期香港的社會民生狀況。

香港和平後，百業待興，五十年代內地有不少文人學者逃難來港，他們雖學富五車，但在人浮於事高不成低不就的環境下，相比靠賣勞力或街頭擺賣的升斗市民，找尋適當工作、謀求生計更不容易。其中志同道合，相聚一起或機緣巧合的有識之士，他們憑着本身才華及一腔熱忱的籌集資金，開始經營辦起報業，一則可以解決日常生計，其次人盡其才的不致埋沒本身學識。

可是經營報業若是沒有財團背後的支持，籌措資金實在有限；由於規模不大，賺錢不多，「它」只靠小量的廣告收入及售報所得，其實也是一項很艱苦經營的行業。期間投資於報紙行業的報章種類不多，為減低印刷成本，頁數較少，亦無固定地方售報擺賣，於是，就靠街頭的派報紙工人，俗稱的「報紙佬」，逐家逐戶向訂報客戶把報紙一一送上。

每日清晨或黃昏，派報紙工人肩膊繫着一個大布袋，內裏裝滿着一捲捲的日報或晚報，沿着馬路走到訂

報客戶的樓下，把客戶訂的報紙，一捲捲大力飛擲入訂戶的露台裏，派報工人熟練的投擲動作甚少拋錯，迅速間便把報紙準確地送到各訂戶家中。

由此可見，當日街道上車輛的稀少，而當時的樓宇，除少數是新建築的高樓大廈外，大部份也只有三、四層高的唐樓。戰前的唐樓，每層前面都有一個寬闊的大露台（騎樓），所以派報紙的工人，只需熟練地用力一拋，便很輕易把報紙拋擲給客戶，這種派報方式也維持了一段很長的日子。

後來，隨着舊區樓宇陸續重建，高樓林立，人口激增及車輛漸多，辦報行業亦一日千里的百花齊放、百家爭鳴，報紙種類多不勝數的環境下，再也不能沿街派報，而改在碼頭、茶樓、飯館門外設檔擺賣，街道上的報紙攤檔更隨處可見。現今訂閱報紙更發展到客戶只要付出少量金錢，透過網上的資訊網絡，便可以隨時隨地在手機、iPad或電腦上，清清楚楚的看到資訊。

舊式沿街投擲派送報紙的報紙佬這不合時宜的行業，早已被淘汰不見了，代之而起的，只有為賺取少許「時薪」的婦女或老人，在繁盛街道上替部份報商，派發免費報紙或宣傳刊物給路過的行人。回顧今昔，派報工作性質雖或有所不同，但細看之下與賺取蠅頭小利當上派報紙行業的人，箇中實有相同之處。

2

人力車
拉車佬

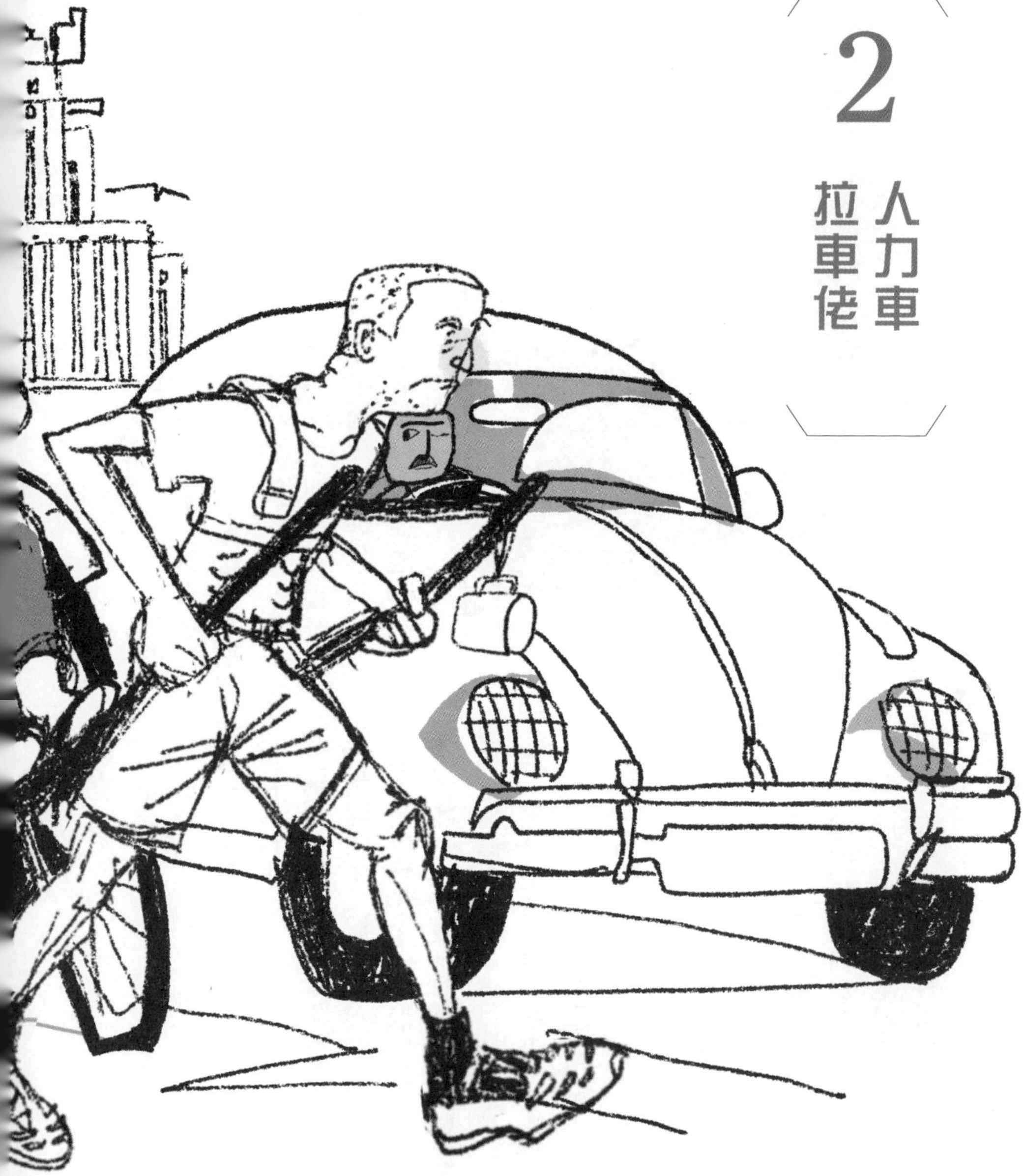

香港在未有人力車出現時，坐轎子或坐山兜是當時主要的交通工具。直至一八七四年，人力車從日本引進香港，「它」車旁因有兩個大車輪的推動，所以較轎子行走得快捷，座位也較舒適，節省人力，只需一個人便可以拉動，車資較便宜和大眾化。故後期只有少許達官貴人、豪門望族或嫁娶仍沿用轎子、花轎外，人力車瞬間便取代了轎子的地位，漸漸地成為香港主要的交通工具。

「人力車」顧名思義，就是用人力牽引來拉動的車，而拉動車子的人，我們稱他們「拉車伕」，粗俗的就叫「拉車佬」。當時的「拉車伕」都要向政府登記及領取人力車牌照，這樣才算合法的交通工具，否則就是「黑車」，類似今日的無牌駕駛司機一樣，發現了就會被罰款。

「人力車」始創於日本，早在一八六八年期間便在日本出現，很快便成為日本普遍的交通工具。後更從日本引進到東南亞和世界各地，因此我們稱它「東洋車」。最初香港使用的人力車，車頂上的活動漆布褶篷和座椅都是髹上黃色，每當拉下褶篷以遮擋風雨或陽光時，風吹鼓起的形狀活像一個黃色的「大包子」，故又叫「黃包車」，港人多簡稱為「車仔」。

最初來香港的「東洋車」本是雙人座位，後因拉車伕拉動雙位乘客倍感吃力和困難，所以公用的人力車很快便改裝為單人座位；後來更持續不斷地在車上適當的地方加以改良，例如在車上安裝車燈，方便晚上行走、車輪改用打氣的輪胎，車子拉動起來比前更覺穩定、車頂褶篷的漆布及車身座位也不再髹上同一個顏色。

取代了「轎子」和「山兜」的人力車，漸漸地成為香港新興的主要交通工具，並劃分為公眾使用和富貴人家私人「駕駛」的兩種人力車。當年，政府外族高官或富有的名門望族多聚居於山頂或半山區上，上落斜坡較困難，家中少不免常備有一架或多架三人推動的「人力私家車」長駐在府中，稱為「長班車」，以備他們出外時應用。

私人專用的人力車座椅和展合褶篷的顏色，是與公眾使用的人力車顏色不同，褶篷和座椅多是髹上黑色及啡紅色，座位較寬闊舒適，車身裝潢華麗。每一戶人家的拉車伕，拉車出街時身上普遍都要穿着主人姓氏的制服（儼如今日代富人駕駛豪華私家車司機一樣的穿着制服），主人出門時都會乘坐由三位拉車伕「駕駛」着（一人在車前拉，二人在車後推動）的私家人力車。路上若遇到行人擠逼，車伕往往會響起鈴聲，提示路人迴避，雖沒有像以往乘坐四人或八人抬大轎的氣派，卻仍是場面十足，也惹來不少平民羨慕的目光。替這些富有人家「打工」拉私家車的車伕，待遇較好，薪金也較穩定，不過他們只是人力車行業中極少數的一群，大部份的拉車伕主要的工作仍是駐守街道上，替車主老闆打工，替街上有需要的公眾人士服務。

相信現今這個時代的人，大概只能在懷舊的電影中才看到這種人力車，已不能親眼目睹，更不曾親身體驗。回顧人力車的歷史，其實從一八七四年有人力車開始，直到一九六八年香港政府停止發出人力車牌照給拉車伕後，近一世紀的歲月，隨着時間推移和人口的不斷增加，人力車在大部份時間中，曾經遍佈各處的橫街巷口，它可說是香港興盛多時的主要交通工具，從事拉車行業的拉車伕，只要體格強壯、不怕辛苦，幹此行業也有不錯的收入。全盛時期據說香港的人力車有三千架，靠拉車維生的車伕多至八千人，由此可見，賴此行業當時確是養活了不少香港人。

除了上述「長班車」的私家人力車外，公營的人力車亦有兩種不同顏色以作分別，行走山頂半山一帶的座椅是「灰色」，在市區平地載客的座椅是「紅色」，車的褶篷則同樣的外面是綠色、內面是白色。營業範圍的分界是很清晰而互不侵犯（像現今行走於九龍、港島、新界的「的士」，也以不同顏色以作區分）。同時為方便乘搭，全天候制度，分早、午兩班，車資則按時間或路途的遠近計算。

人力車除停泊於街頭巷尾、茶樓餐館、戲院門前等客外，大渡輪的碼頭如中環天星碼頭、油麻地的統一碼頭、九龍佐敦道碼頭……在碼頭的附近經常都聚集了大批人力車及拉車伕等接載客人。

車伕們頭戴着太陽帽、肩膊掛上抹汗毛巾、腳上穿着布鞋，手拉着一架「灰色」或「紅色」猶如單人「沙發」座椅的車輛，座椅背後裝備了一具「綠色」可靈活伸縮遮擋風雨的漆布褶篷，車的兩旁裝上兩個充氣的大膠車輪，座位底下安裝了兩條長長的拉手棍，拉手棍的前端相連着一條橫條；此橫條方便車伕拉動車子時不致滑手，除了用手拉動外。更可藉身體前傾的動作，借力把車子向前滑行。拉人力車其實是一門非常辛苦的工作，經常大汗淋漓，汗如雨下的抹個不停。

隨着時代的變遷、社會的進步、科技的發展、人口的劇增，路上各種因應時代的交通工具陸續出現，人力車已不及火車、電車、巴士、地鐵等新興交通工具的方便快捷；更因道路繁忙、交通擠逼和人道立場的種種考慮下，基本上人力車早已被時代淘汰而漸漸式微。最後在一九六八年，香港政府正式停止發出人力車牌照後，人力車的使用，終畫上休止符了。港島現僅留下的三、四架，只是提供市民參觀或遊客拍照之用。

人力車現今雖已近乎絕跡，但細觀之下，與現今「的士」的經營方式實為相似，由此可見，式微的人力車行業只是蛻變而發展為現今「的士」的交通行業；而當年的拉車伕就像今日駕駛「的士」的司機，及小部份替富人駕駛豪華車的「司機」而已。可以說，當日的「人力車」，就是現今「的士」蛻變的前身。

3 倒夜香（倒糞便的婦女）

倒夜香，就是倒糞便。相信大家都知道，倒糞便的時候明明是臭氣熏天難聞至極，為甚麼反過來卻以「香」來形容它？其實這只是一個臭的相反語美化而已。又為甚麼倒夜香只稱為「夜香」，而不叫「日香」？這是關乎當年的法例與市容的觀瞻問題，政府規定「倒屎塔」只可在每日凌晨十二時至清晨六時之間進行，認為這一段時間就不會對市民造成日常生活上的不便，至於三更半夜街道上傳出洗屎桶而散發出一陣陣難聞的臭味，美化的稱「夜來香」而已，所以倒糞便，就是「倒夜香」。

無論何時何地，只要有人居住的地方，自然就要有解決排污的問題。戰前的樓宇，除了部份大機構的商業樓宇或一些新建築的洋樓備有冲水設施之外，一般舊式唐樓是缺乏抽水馬桶，只是擺放一個有蓋俗稱「屎塔」的大木桶在廚房的一角來應用。（鄉間如廁的設施，只簡陋的用竹棚圍起一個方便的地方，稱茅廁或叫茅房。）居於樓上的人多以屎壺、痰盂來方便，之後倒進屎塔裏加蓋密封，晚上把「糞桶」拿出門外，方便入夜後，倒夜香的工人來拿走。

倒夜香是一門古老行業，出現於舊式唐樓中，那時候戰前樓宇的廁所大都沒有自動排水的系統設備，如廁之後的善後工作，就全賴倒夜香這門古老行業的工人來解決。幹倒夜香這門清潔行業的工人，多數是女工，稱為「夜香婦」，粗俗的就叫「倒屎婆」。她們除了日間照顧家庭外，晚上可兼職賺取工錢補貼部份家用。

入夜後，寂靜的街道上，也是糞車（裝載糞便馬桶的貨車）和倒屎婆出動的時候，只見三五成群頭髮圍着布巾、毛巾掩着鼻的夜香婦，逐家逐戶上門拍門或搖門鈴的通知「倒夜香」，後來很多戶主乾脆在晚上自己把馬桶放出戶外，方便倒屎婆搬運到街上，把糞便污穢物倒在糞車的木桶中運走，她們清洗馬桶後便會妥當的放

回原處。

幹這行業的女工，清潔馬桶的時候，街的一角弄得臭氣沖天，實屬厭惡性工作，也是一種體力勞動工作，稱得上是一份替政府做事的另類工作者，是一門特殊的行業。

淪陷前後，香港農耕作物仍以天然的糞便做肥料，糞車就是專門向夜香婦收買糞便，夜香婦既有實際收入，又可無本生利把糞便賣給農戶，增添一筆額外收入，對她們而言，倒夜香雖是一門極厭惡性行業，但不會影響她們照顧家庭之餘，又有可觀的收入。相信亦是此原因，使她們繼續默默耕耘。「倒夜香」也是當時香港特色的行業之一。

隨着五、六十年代經濟起飛，香港社會環境大大的改變，民生的改善，科技的興起，人口增長迅速，已難以用人手處理和應付衞生問題，更隨着舊樓相繼清拆和重建，舊式唐樓的馬桶或郊區的茅廁，早已由水廁、抽糞車、公廁取代；餘下僅存的已交由食物環境衞生署負責管理。昔日倒夜香的婦人，或處理污水糞便的一群，隨着時代進步，環境的需求，相信已轉職到各大商場負責管理洗手間或各公廁，成為定時輪班的清潔工人。

曾幾何時，「倒夜香」這個每日替港人「貼身服務」的古老行業，現今雖已是式微並消失了。但對老一輩的港人來說，記憶猶新，如形容時間早的時候就說「倒塔咁早」、聞到臭味往往就說「倒屎咁臭」這類俚語仍不時的掛在口中，可見當日「夜香婦」的默默耕耘和付出，亦是見證香港生活環境由貧轉富百年歷史的一頁。

4 摘芽菜與剝蝦殼的老婆婆

以往我們在茶樓、飯館經常吃到用芽菜調製的各種家常菜餚或各款芽菜炒粉麵，例如：銀芽炒三絲、葱蒜炒芽菜、豉油王炒麵．雪菜肉絲炆米、乾炒牛河……餐食中見到的芽菜，每一條都是摘了頭尾的兩端，只保留着中間雪雪白白短而肥壯的一段。

用綠豆發出的菜芽，稱「芽菜」，去掉頭尾只保留着中間一段的叫「銀芽」。用黃豆發出芽的叫「大豆芽」，大豆芽的外貌，黃豆發芽後，前端的一粒豆豆中央相連着一條長長而雪白的幹莖，莖部的末端有一條特別長的鬚鬚，整條形狀活像一枝「如意」，所以港人煮齋菜奉神明時圖吉利的往往也喜歡加上它做配菜，喻意「如意吉祥」。

芽菜和大豆芽，雖同是豆類浸發出來的菜芽，但二者形狀和口感卻截然不同，烹煮的方法也略異。芽菜適宜用大火快炒，保持爽脆味鮮為佳。大豆芽除了可以用作肉類配菜外，亦可單獨清炒或作煮湯之用，素菜館多用它作為主要上湯素材，而不需加上任何肉類同煮；豆類略偏寒，只要稍放些薑片和鹽，也會帶出大豆本身淡淡鮮甜的原味。

中國人做菜，除了講求色、香、味之外，也非常着重食物的外觀，像芽菜摘了頭尾後，立即被冠以「銀芽」之名，由此可見，去掉頭尾的銀芽，不只賣相好、口感亦爽脆得多，更可升格為高級的菜式，感覺也像矜貴一些。事實上確是如此，雖然芽菜的頭尾也可供食用，但若沒有去掉頭尾炒出來的賣相，亂糟糟的總不及去掉頭尾後的銀芽賣相佳，給人一種優雅的感覺。尤其大豆芽長長的鬚鬚，咀嚼困難，口感也不好，通常鬚鬚都被一一摘去。

可是摘芽菜不像其他蔬菜的可以整把整把的用刀切齊分段，而是要一根根的拿在手上摘去頭尾、或只摘去大豆芽尾部鬚鬚一段，如此費時的工作，當然不會是繁忙的飯菜館廚師或蔬菜檔檔主親手處理。對他們來說，可說太浪費時間了，這些輕便但費時的工作，則有賴專門輔助蔬菜販檔主，收取極其低廉工資，坐在街市旁邊空地的老婆婆了。

香港重光後，各舊式街市旁邊的空地，常看見坐着三五成群的老婦人，她們彎着腰，圍繞着的坐在一塊大木板枱面旁邊的小櫈仔上，枱上分別放着一大堆芽菜或大豆芽，她們專注的和用純熟手法，把枱上的芽菜一條條快速的去掉頭尾，是年老婦人賺取外快而又不用太花費精力，又能好好消磨時間的一門輕便行業。

香港淪陷前後生活艱難，但凡男女老幼有能力工作者都四出找尋工作，或找些可以在家裏做的幫工，以維持生計。年輕有氣有力的人找工作尚且不易，何況年老力衰的老人家，找工作更是倍感困難，所以，摘芽菜的工作對這群老婆婆來說，絕對是一項最適合而又輕便的工作。工資雖是極少，但她們除幫家人照顧家務外，又可以出外工作而不用悶坐家中，更可以和同伴聊天打發時間，故每日雖是賺取那一元八角的工資，亦可以補貼家用或留作私己儲蓄以備不時之需，實一不錯的選擇。最實際是可以方便要買芽菜但又沒有時間摘的人，故銀芽售價雖較高，但買的人也不少。

同一理由，另一邊廂的海鮮檔，往往亦

見三五成群，身上穿着膠圍裙的老婆婆，她們彎着腰的坐在街口海鮮檔空地旁，在放滿鮮蝦的臨時木板枱面上剝蝦殼，替鮮蝦一隻一隻剝殼之外，還小心翼翼的在蝦背上，挑出黑色的蝦腸。這亦是一項非常花費時間的工作，餐館的廚師當然不會費時的親自來處理，他們會向海鮮檔直接選購已經去掉蝦殼的鮮蝦，檔主亦是招請這一群廉價勞工的老婆婆代勞，脫殼鮮蝦的售價相對上自然是較貴一些。

剝去殼的蝦仁，中、西餐館需求量頗大，例如：中式酒樓的清炒蝦仁、滑蛋蝦仁、蝦仁滑蛋飯、蝦丸……，或西式餐館的海鮮滑蛋燴飯、焗海鮮、蝦多士……一道道的精美菜餚，毫不費時的便可以快速完成，這當然有賴於這一群老婆婆的協助。這類費時的工作，實在要感謝這群收取微薄工資，但願意花不少精神時間的老婆婆幫忙。

現在香港社會老人福利好，每月有醫療贈券及老人生果金津貼，老人家若節省一些，日常生活費用亦足夠自己開支，再不用四出找工作賺錢，以往街市空地旁摘芽菜或剝蝦殼老婆婆的行業，已由機械工具取代而消失了。從香港這類消失行業當中，可見證上一輩的老人，雖老邁仍勤儉的不斷工作，自食其力，回顧往事，亦是描寫這時代部份老人的生活寫照。

5 公廁門外賣草紙的屎坑公、屎坑婆

四、五十年代的香港，居民雖不算多，但亦不算少，地區中每隔不遠，必設有一座公廁。戰後初期的公廁，已是比較先進的使用水槽蹲式設計。所謂水槽式公廁，是多格並列相連一起的蹲廁，每格蹲位下都有一條相通的糞槽，在糞槽末端的一廁格安裝有沖廁水箱，定時的沖出水來清洗糞槽，猛烈的水力，把整條糞槽的污穢物由頭到尾通通沖走。

不過，由於沖廁不能由使用者自行控制，要相隔一段時間糞槽方得清洗一次，當人多如廁後，糞便停留於糞槽內而不能即時沖走，堆積之下，不但臭氣熏天，也是極不衛生。更有些不顧公德的使用者在槽邊隨處便溺，令到後來使用者極不方便。為解決這個問題，極需要清潔工人時刻的清理，故後期每一座公廁就特意安排一位長駐該廁的清潔工人，以作定時清潔。年青的一群，多不願任此職位，做此工作者多是較年長的老公公或老婆婆。

公廁的門前，通常都有一位上了年紀的老公公或老婆婆坐着，他們便是負責管理清潔此廁所的工人，俗稱「屎坑公」或「屎坑婆」，他們沒有特殊工作技能，只要不怕厭惡性的糞便難聞臭味，而仍有工作能力的，便可以擔任此清潔工作。他們每日負責清潔公廁，工資並不高，但對於年紀已不輕而又沒有特殊技能的老人來說，能找到這樣一份的工作已是不錯了。

為增加收入及善用餘暇，他們每日除了按時清潔公廁外，並把一疊疊已剪裁整齊的「草紙」（以前用的廁紙）放在小枱子上，自己坐在旁邊守候着，預備賣給身上沒有帶備廁紙的如廁者，雖然每份只是收費一毫或伍仙的蠅頭小利，可是，既可以彌補他們工資偏低，多一點收入，又可以為人有三急者提供方便（他們並不會強迫入廁者一定要購買），實是一舉兩得的不錯方法。

公廁

日常生活中我們通常只着重於衣、食、住、行幾方面，認為這些才是市民生活中重要的四大需求，其實「人有三急」中每日的貼身服務——廁所，也是與日常生活息息相關。可以說解決這個如廁問題也是香港政府非常急切重視的一環，他們不斷從科技新發展中，尋求改善廁所設備的新措施。

香港公共廁所的歷史，可追溯至開埠初期。一八六〇年代政府雖已設罰款制度（形如虛設），立例禁止市民在大街隨處便溺，但當時公廁不多，不少公眾場所尚沒有設立廁所，在「人有三急」必須解決情況下，不得已只得選擇橫街後巷較僻靜隱蔽的地方就地解決，以致該等角落經常「臭氣熏天」。（真懷疑香港的「香」字，是否也像「倒夜香」美化之後由此而得名？）

政府為了改善環境衛生，開始陸續的在各區興建「地底公廁」。這類公廁多設在地下，而以火水燈照明，因早期香港引水沖廁的下水道設施不足，糞便仍需要俗稱「倒夜香」的工人，用「人手」來清理，又因興建「地底公廁」時未有考慮室內通風問題，致廁所之內充滿陣陣難聞臭味，照明度之不足、污穢、治安差……等等問題，令人望而卻步，故隨地便溺的問題依舊沒有得到明顯改善。

香港二戰重光後，政府有鑒及此，開始着手大規模興建下水道，加快提升公廁水平，各地原有的「地底公廁」陸續關閉，轉型為上述已較進步的「水槽式」設計公廁。期間位置處於鄉村郊區一帶的公廁，因拓展下水道較困難，臨時仍採用舊式「旱廁」。旱廁——顧名思義是沒有沖水措施的廁所，糞便只是沿着廁孔掉進化糞池中囤積，囤積在化糞池裏產生的臭氣，又會透過廁孔從空氣中瀰漫，除會滋生大量蚊蟲外，往往亦對人體健康造成不良的影響。

踏入新時代，隨着科技的進步，下水道的加速拓展，人們對衛生的需求更注重，舊式的旱廁和水槽式設計的公廁，已顯得極不合時宜了，事實上亦證明清潔及節水方面也不及使用獨立式的抽水馬桶的理想，適應時代發展及注重社會衛生環境需求，政府積極改善以往公廁設備之不足，舊式的公廁，也跟隨着新式抽水馬桶的普及而陸續被取代了。鄉野間的公共旱廁，亦已有引入下水道的設施，也開始改建成獨立坐廁式或蹲廁式設計的兩種設有抽水設備的公廁。

現在新式的公廁，一應俱全的已配備有廁紙、皂液、抹手紙（或電動吹乾器）的設備，原先清理公廁的「屎坑公」、「屎坑婆」，在公廁門外賣草紙的老公公、老婆婆亦不復再見了。此項清理公廁工作已隸屬食環署（香港政府管理公廁部門）管理，再外判給承辦商負責，招請全職監管管理員，交與專職的清潔人員輪班值勤。

從以上公廁不斷改善的發展中，可以窺探社會民生邁向進步的里程。

6
遊街樂隊——送殯樂團

生、老、病、死是人生必經之路，誰也不能幸免，殮葬也是人生最後的一幕。香港二十世紀初期醫院不足，亦沒有殯儀館這類專業殮葬服務，有的只是傳統收殮、殯葬的專業人士，他們提供「一站式」服務，包括接載先人遺體，然後移到墓地安葬，以及安排出殯殮葬儀式所需的一切事宜。

那個時代的老人家，頗多忌諱入醫院接受治療，亦由於當日醫院的不普及，傳統在家養病舊思想的影響下，他們普遍是不大信任西方醫術，尤其是兒孫滿堂的長者，心理上總認為重病時被家人送入醫院接受治療，是一件非常孤獨及

殯儀
Funeral

淒涼可憐的事，只希望患病時有醫生上門診治，留在家中有親人細心照料（富有的當然可請專職護理人員全職照顧），彌留之際亦有兒孫在旁陪伴着，直至壽終正寢，那才堪稱人生中最大的福氣。

基於這個原因，昔日民風純樸的子孫也多體貼地順應長者的意願，讓老人家留在家中養病以盡孝道。所以二十世紀初期的殮葬業，跟現在的差別很大，當時若在家裏過世的人會停屍在家中，出殯也多是從家裏出發，一切殮葬事宜就交與從事殮葬行業的專人負責處理。

當日的殯葬業，雖不像現今殯儀館行業的規模大，可是他們處理的事情一點也不簡單，甚至比現在殯儀館安排的儀式更見繁複，包括替死者梳洗、修飾儀容（化妝）、裝棺入殮、封棺、遊街、路祭、安葬……，都代喪家僱請熟練的專業人士幫忙；尤其是在出殯隊伍中的遊街樂隊陣容最為突出和矚目，儀式場面極具排場，情況恍如大官員出巡。

那時代的出殯儀式極為隆重（不像現今的在殯儀館舉行喪禮儀式後，便匆匆的趕往墓地下葬或進行火葬），出殯之日靈車隊伍及親友均被安排在指定的街道上慢慢地繞着遊行一圈，情況有如喻先人帶領着子孫「行大運」一樣，據說這樣便可給子孫帶來運氣及替後人積福，實際情況是否如此就不得而知。其實此舉若說是子孫為離世先人作人世間最後的緬懷，以盡孝道及寓作告別的心意，是否更為適合？遊街隊伍情況隆重與否，則視乎喪家豐儉安排而定。

出殯遊街的路線，據說，九龍方面不可以在人多車多的彌敦道大街，或街市小販擺賣甚多的新填地街作活動，一般規定只有在廟街、上海街、吳松街、甘肅街……政府指定的地點才可以進行，而喪家多以上海街為主要遊行街道，這更是富裕人家辦喪事的必經之路。以往街道車少（不是大街）、行人稀疏，昔日市民辦喪事，家境稍豐裕的，出殯時都會僱用中、西樂隊沿街奏着哀樂領先而行。據說有錢人家舉行殯葬禮儀遊街會聘請三十人的大樂隊，而普通人家樂隊的樂師也有十二人，出殯當日情況非常隆重，可以說是民間出殯喪禮中最為突出的一種風俗特色。

兒時居住於油麻地上海街附近，出殯情景也曾屢見，記憶中，當時遊街隊伍的排場盛大，喪家出殯多是從家裏運棺出發，然後像巡遊一般，隊伍特意的繞着上述街道向墳場方向緩緩而行，當中一切的儀式均有規格依循。

印象中最深刻的首先是隊伍前排吹奏着樂器的遊街樂團儀仗隊，他們數人一排排的，全是穿着純白色禮服的樂師。樂師身上都掛着各式不同樂器，整齊有序的西樂在前，中樂在後。一字排開一組組的樂隊，步伐整齊穩定、神情嚴肅，有規律的緩緩步操前行，沿途邊行邊賣力的不停吹奏着哀歌，靈車隨後亦步亦趨的跟隨着，圍觀者眾，場面震撼的非常壯觀。

尾隨靈車後的是孝子手捧先人遺像，偶見富有人家把先人遺照安放在一頂轎子內，由數人抬着的沿街出遊，稱為「抬挺」，情況也較為特別，頗像今日出殯時八人「扶靈」送別的意思。跟着的是花牌、花圈，一個個以人手或三輪車支撐着的尾隨跟上，隊後更有大批家屬、親友、街坊、鄰里長長數百人的送殯行列，他們都神情肅靜黯然的隨步送行，直至喪家舉行路祭儀式後，靈車才直接駛往墳場。舉行下葬典禮後，全部出殯儀式方告完成。

出殯儀式雖是很繁瑣，但卻很隆重，對死者而言，這一個死後巡迴的最後回顧，確是有一種深切的內心體會、也有一種生榮死哀的意思。後人藉此表達自己對先人的一點體貼孝心，我認為此舉也頗有意義。

隨着時代的變遷，市民住的居屋也越來越小，政府認為停屍家中，會滋生病菌及容易發生傳染病，而且街道車輛繁多，各處人口稠密，出殯巡街，更嚴重影響道路交通及做成空氣污染，覺得這種傳統舊式出殯活動已極不合時宜，因此修改法例，取消遊街活動，並禁止出殯時採用上述這種巡街儀式，轉而以新興殯儀館收殮殯葬方式替代。

由於殮葬形式日趨簡化，與墓地之供應不足，現在不少人更採用火葬。上世紀五十年代開始，舊有的殯葬行業已漸趨沒落，出殯時最具音樂聲響特色的儀仗隊，穿着整齊全白色制服、沿街賣力吹奏哀歌緩緩而行的遊街樂團，也再無用勇之地！昔日目睹此情此景的孩童亦多已作古，仍留有記憶的亦垂垂老矣！

今人生活繁忙，人情味淡薄，已難見昔日街坊鄰里守望相助之情，那長長送殯行列的人群更不復見。殯葬儀式日趨簡化，只見喪家家屬，「先人」剛入土便即解除喪服，改穿紅衣者，比比皆是；「解穢酒」已改食「纓紅宴」，也無三年、百日、七旬守孝期。說是順應潮流，適應生活環境，是否真急迫若此？與昔日出殯時的隆重儀式相比之下，不無感慨！

從窺探以往的殮葬行業與現今殯儀館行業的興衰交替中，反映出香港城市近百年的變遷、社會的進步、民生發展的日趨繁榮興盛，可惜，人情味相對的反覺日益淡薄。更從前後二者不同殯殮行業的變化中，體味到人生的悲歡離合，是現實生活中一幕幕的衆生相。

由此觀之，昔日的殮葬業式微，僅是代表一個沒落和不合時宜的消失行業而已。

7 礦場上鎚石仔、擔石頭的工人

現今的建築科技雖是發達，不過只要回想起以前礦場上鎚石仔、擔石頭的工人，腦中便會即時呈現出這樣一幕幕的畫面，是一群群在礦場上頭戴着草帽、腰圍着長毛巾，滿身大汗，舉着長斧頭一下一下的鑿着石壁、或彎着腰用大鎚一下一下用力地在地上「揼石仔」的工人。

當中更有不少肩膊擔着兩大籮石頭或碎石的「擔石頭」工人緩緩地在周圍行走着，他們都辛勤地在礦場上工作。

以前沒有碎石機之類的工具，更沒有現今強力炸藥，「開山劈石」引爆破岩石壁的科技，一切建築工程需要用的每一塊石頭，都是靠着人工慢慢開鑿，像「愚公移山」一般，把大石塊從岩石縫壁中一塊塊的鑿下來。可想而知，當日此行業所耗費的人力真不少，事實上從事此行業的工人確是不計其數，理所當然地便成為當日市民最容易找到的工作之一。

早期的石礦場，靠雙手開鑿岩石的手法相當耗費人力。工人先用大鎚鑿在石上，鑿穿石孔邊，之後再利用尖尖的楔子或用長斧頭的尖端，把凸起的石塊用力地從大岩石上鑿開，要花很長的時間，才可以鑿出一塊大的石頭。

另一邊廂，為了生產大量碎石，工人要用大鎚將鑿出來大塊的岩石重重地逐件的一一鑿碎，即所謂「揼石仔」，操作這種粗重工作的，通常是體格強健的男工。

附近更有大量工人把這些碎石塊一擔擔的搬運到每個需要的地方，亦即所謂「擔石頭」（當中也有不少力氣較大的婦女擔任搬運工作），所有的運作，都是極消耗體力，確實是一門出賣勞力換取工錢的辛苦行業。由於此門行業需求的工人多，也算是一門正當職業，所以很多體健力壯的市民不想慢慢尋找工作，或急於賺取工資以解決生活所需，往往不辭勞苦的投身這門行業。

以往石礦場甚少考慮到工人的安全問題，事實上石礦周邊的環境，不斷經人手鑿鬆後，岩石本體的碎石也經常會鬆散彈落，給擊中的往往亦產生危險，所以工人在礦地工作之餘，亦得格外小心慎防及注意四周岩石狀況（起碼要佩戴安全帽）。可以這樣說，從事這門勞苦工作的工人，除了體力消耗外，生命隨時也有危險的威脅，預防周邊工作環境的安全，實是極為重要的措施。

隨着科技的研發，社會的日趨進步，政府於一九六〇年代開始引入「岩石爆破」和「土地安全」的法規，情況逐漸得以改善。現時開採岩石已不再需要用以前鑿岩石壁、搽石仔的方式，而改用新科技的爆破技術。石礦場上已採用「定控爆炸」的開採方式，代替人力的「搽石仔」，把天然岩石引爆破碎，並且設有多項安全保護措施，確保不會有碎石飛彈出而危害到在礦場上工作人員的安全。

礦場上再也沒有擔石頭的工人，被劈碎後的岩石會轉用卡車或輸送帶運送到碎石機前作進一步壓碎，而變成大小不同的碎石，之後再經過加工分類篩選後的「碎石」，便可以源源不絕的製造出各種混凝土和瀝青混凝土，以應付各種不同需求的新興基建項目。

隨着時代的進步，建築業的蓬勃發展，舊式人手開鑿的石礦場方式早已追不上需求，跟着時代的變遷而消失了。取而代之，礦場上只見一群群、一組組學貫中西的高學歷建築行業專才，各類專業工程師、主任……巡查於礦場上，帶領着每一組屬下的工作人員，不斷的研究如何提升礦場營運改善的方式。

回顧一九六〇年代前，早期用人手開採岩石的石礦業工人，他們以往的努力耕耘，對基建業的默默貢獻，行業雖見式微，卻是展示了科技時代的高速發展、各類建築基建項目的起飛、人民生活的進步。更從過去近百年歷史中，見證了昔日香港人刻苦耐勞生活的一面。

街頭小食（無牌流動小販）

〔二〕

香港各式「街頭小食」的行業，很早已遍佈於各區的街頭巷尾，讓過路市民用作果腹或作消遣，「它」是印證着每一個時代人民求生本能所衍生的行業之一。特別是上世紀四十年代至六十年代期間，從內地各處來香港的避難者，在人浮於事、找工作困難的環境下，他們為了解決生活困境，最簡單的辦法，就是用小量本錢當小販做買賣，因此通街滿巷到處都見有小販擺賣痕跡，是香港當時極為普遍的街頭流動行業。在「民以食為天」的前提下，價廉物美的「街頭小食」更是盛極一時。

來自五湖四海的食物販賣者，他們聚集在一起，憑着個人的智慧，調製出各具特色的道地風味，匯集起來便成為別樹一格的香港街頭美食文化。從它們的出現、轉變、發展來看，可以說是與港人生活和香港社會的演變，均有着息息相關的關係。隨着社會的不斷發展，街頭小食也會隨之而改變；雖是簡單的小食，卻見證了香港飲食文化一部份，在懷舊情意結下，更是老一輩的港人對童年時代念念不忘的一份「食物」集體回憶。

我一向性好吃而不偏食，對小時候念念不忘的美食，其實都是一些價廉又普遍的道地街頭小吃，可惜現今已不常見，當偶然憶起或在街頭偶遇，都會想起那種食物味道而勾起不少童年的種種回憶。從食物的回味中再探討這類民間街頭小食，意義不僅只是懷舊，更是見證着我昔日流逝了的快樂時光和一段段的童年歲月。

回顧以往多不勝數的各類街頭道地美食，隨着環境的變遷、時光的流逝，很多已不復原貌，部份經改變後或已擴展至專門店發售，或有部份適應社會需求而擺放在快餐店或茶樓飯館作點心。當中消失不見的更不計其數，縱使偶遇重逢，也不復有兒時滋味！

二十世紀，三、四十年代香港的樓宇，除了極小部份是新建築的高樓大廈外，其他多是舊式三、四層高的唐樓。唐樓的建築設計，整條街的兩邊樓宇，每一個單位都是一行行、一列列的一間連接着另一間，中間是完全沒有分隔空隙，所以，只有位於街頭、街尾單邊的兩座樓宇有較多窗台外，其他中間的每一層住宅也只得前面的一個大露台（騎樓）可以看到屋外的街景，也僅靠此與外界接觸並直接跟街外行人產生互動。回想起來，當日在這些騎樓上，確也度過了不少兒時的歲月和時光。

對年紀大了的老年人來說，眼前的事情，可能轉瞬間即忘個一乾二淨，但對童年的瑣碎小事，至今仍歷歷在目。記得香港淪陷前，兒時隨父母、兄弟居住於九龍荔枝角道某一幢唐樓的二樓，街道尚算寬闊，鄰近左側是些肉食、鮮魚、蔬菜、生果……等等攤檔的街市；右側是「旺角戲院」，戲院旁邊是遊樂場，場內有一個足球場。從住所二樓的騎樓向外遠望，五花八門的行業，街上行人的百態，也是挺熱鬧及有趣的。

那是個沒有電視機的年代，我們的家境並不富裕，童年的娛樂是非常簡單，間中除與小朋友在附近的遊樂場或足球場玩耍之外，每每喜歡站在騎樓向下四處張望，望着街上的各種景象，一天很快的又過去了，倒也消磨了不少時間，也算是我日常的娛樂吧。

1 飛機欖

在那段日子中，閒中喜歡搬把小櫈仔靠近騎樓邊坐，靜靜觀看街上熙來攘往的行人，日子倒也容易打發。我從小「好吃」，最喜歡看的還是那一群群沿街叫賣各種小食的街頭小販——飛機欖、白糖糕、叮叮糖、手推雪糕車、狗仔粉、臭豆腐……等等，各式不同的美食。

每近黃昏時分，樓下便傳來一陣陣熟悉的喇叭聲，間歇中更不斷聽到有「飛機欖」的叫賣聲，那是我最高興的時候。探頭往街上張望，只見右側遠處有一販賣「飛機欖」的流動小販由遠而近的緩緩走來，他頭戴着太陽帽，肩頸前面斜掛着一個綠色欖型容器的大木箱，木箱的外面寫上「飛機欖」三個白色大字，箱內用玻璃分開數格，裝載着數種不同味道的「飛機欖」。他一邊拿着小喇叭用力的吹奏着音樂以招徠顧客，一邊叫着「潤喉潤肺好靚嘅飛機欖、夫妻和順欖……」不停的在戲院門前、球場外或民居樓下沿途叫賣，經常都有一大群小孩子環繞在他身旁，附和着的同聲齊叫「飛機欖、好靚、好靚嘅飛機欖……」。

每當樓上有客人大聲叫買，他便在買家樓下停步，等待買家用紙塊包着一個五仙銅錢從騎樓拋落街上付錢後，賣飛機欖的小販，便立即從箱中取出一小包買家指定味道的飛機欖，像投擲飛鏢一般伸手彎腰，出盡全身氣力一擲便直接飛入買家的騎樓內，情況像飛行中的飛機一樣快，故名「飛機欖」，這也是最好看的一幕。因當時的唐樓高度有限，只得三、四層，很少會拋擲錯；偶有「飛機欖」拋跌在街上，他亦不會執拾起再賣，任由尾隨的孩子高高興興的拿走，這就是那群孩子為甚麼沿途跟着他叫賣的原因。或許是小販故意偶然拋跌在地上贈送給他們吃吧，亦是製造一種熱鬧氣氛吸引路人光顧的方法。

丸咳久
飛機欖

孩子的零用錢不多，只要袋中尚有夠買「飛機欖」的五仙銅錢，我一定也會拿出來興奮的叫買，我喜歡看小販投擲飛機欖時像耍雜技的表演，更喜歡飛機欖的各種不同味道，咀嚼時酸中帶甜，那種潤喉回甘的感受。

最初小販賣的只是原味的橄欖（白欖），後來因覺得味道單調，難吸引顧客，故此加以改良的醃製了多款味道，分別以甘草、陳皮、丁香、玉桂、薄荷等藥材再加上適量的鹽、糖來醃製。白欖經醃製後便滲有藥材各種特性及不同味道，依據藥材的味道分別製造出甘草欖、玉桂欖、陳皮欖等等……用防水柔韌不同顏色的透明包裝紙，每三粒分別的包裝成一小包，把各種不同味道的飛機欖，一包一包的分別放在各玻璃分格欖型木箱裏。

飛機欖酸中帶甜，加上甘草、陳皮等藥材有止咳、化痰、潤喉等功效，食後口中更有順喉回甘絲絲的味道，因此，除叫「飛機欖」外，更有「夫妻和順欖」之稱，喻意夫妻食過「和順欖」後，定必心平氣和，夫妻和睦，雖只是噱頭之一，倒也頗受街坊歡迎。

隨着時代的變遷、街道車輛繁多、人口稠密，屏風式的高樓大廈林立，處於玻璃窗緊閉的屋牆外，「飛機欖」投射飛鏢式的絕技，再無用武之地，沿街叫賣飛機欖的行業已消失了，遺留下的那小部份，僅能寄存於售賣涼果的專門店中靜靜待賣。昔日「飛機欖」叫賣的熱鬧情況，食後那種百般回味，只能在味覺及記憶中找尋！

2 白糖糕

昔日童年嚐過的街頭甜品小食中，除價廉抵食的大塊鬆糕（豆泥糕）外，「白糖糕」可算是當日一種價廉物美、好吃的甜糕點。放凍後食更有一種清涼爽滑口感，最適合夏日炎炎的天氣進食。

「白糖糕」，又叫「倫教糕」，「它」有很悠久的歷史，據說始創於明朝順德倫教的一個小鄉鎮裏，有一位姓梁販賣糕點的小販，有一天蒸鬆糕時不慎失手，令粉質下墜，致鬆糕蒸後不能鬆起，但反而深受買家歡迎，吃過的人客都覺得這種新創的小吃，質地清爽膩滑好食，很快的就售罄。於是梁姓小販將錯就錯的改良轉用白糖如法炮製，令蒸出來的糕點顏色更覺得晶瑩潔白好看，故食客稱之為「白糖倫教糕」，後又簡稱「白糖糕」。

「白糖糕、有爽滑好食嘅白糖糕賣……」，偶爾聽到街上傳來一陣陣小販的叫賣聲，一向「好吃」的我，例必攀附家中露台（騎樓）向下張望，遠遠的便見到一位左肩膊掛着一把摺合的小枱子，右手扶着頭上頂着的一個竹織大筲箕，筲箕上面滿滿放着用白紗布蓋着一塊塊大大的白糖糕，不斷沿街叫賣白糖糕的小販（販賣者多是男性）。當有途人購買時，他便打開摺合的枱子，把頭上頂着的筲箕放在小枱子上，並依照顧客購買的數量，在大塊的白糖糕中，分別劏成一小片、一小片手掌般大小，形狀三角形的白糖糕，然後逐一的放入（防黏）紙包裹，每片只是零售伍仙銅錢。

蒸白糖糕的材料其實很簡單，普通的做法，只需用適量的粘米粉、糖、水混合煮成熟粉漿，待放涼後再加入適量酵母和發粉拌勻，放在一個平面大容器裏發酵一會後，用大火隔水再蒸約半小時，糕點便告完成。當然，若是由經驗豐富的師傅來蒸發，他們蒸出來的白糖糕更是顏色晶瑩潔白、質地彈牙爽口，並保持「它」特有的清甜香味。

資深的蒸糕師傅認為白糖糕應該是清甜而不會帶有酸味，根據他們的經驗，製糕一定要用自磨的粘米粉漿，而且粘米粉漿必須以新舊粘米按適當比例混合而成，更要小心掌握米漿的發酵時間，否則發酵過久，糕點便會出現酸味。基於白糖糕若如上述師傅要求嚴格的製作，及費時的前提下，很多販賣者是不會跟隨這種蒸糕的繁複做法，所以傳統不帶酸味的白糖糕已很難尋覓，坊間販賣的大部份都是這種甜中略帶酸味的白糖糕。

可能我從小吃慣的都是這一類白糖糕，在孩子的味覺中，早認定「它」就是白糖糕的味道，在我個人來說，我反而喜歡這種清甜中略帶少許酸味的白糖糕，這種特有的酸味，我相信在其他甜品中是找不到的，每次品嚐到這種熟悉的酸甜滋味，兒時快樂的時光彷彿又重現。

回顧以往數不勝數的街頭小食，現今能保存的已屬鳳毛麟角，在政府的嚴厲管制下，沿街叫賣的無牌行販，今天幾乎是絕跡了。隨着環境的變化，昔日小販街上叫賣的白糖糕，早已升級轉型移到糕品專門店或茶樓作點心售賣，雖說樣子依舊保存，可惜除了保持仍帶少許甜酸味道外，其他爽口、膩滑、彈牙的口感已不及從前矣。

3 叮叮糖（啄啄糖）

偶然聽到金屬敲擊發出「叮叮噹噹」的聲音，不自覺地便會回憶起孩子時從露台聽到的一陣陣清脆「叮叮、叮叮……」的響聲，也回想起這便是街上小販販賣「叮叮糖」時，金屬錘子敲鑿打碎「叮叮糖」的聲響。

「叮叮糖」又叫「啄啄糖」，是香港過百年傳統懷舊糖果之一種。童年時有機會吃到的糖果種類並不多（除昔日母親在鄉間墟市上經常買回家給我吃的波子糖外），叮叮糖也算是那時可以吃得到的糖果。記得，當年常聽到街上小販叫賣小食當中，最具特色的就是「叮叮糖」，它不需要販賣者的沿街叫賣，只要聽到「叮叮……」聲響，就知道賣「叮叮糖」的小販來了。

從騎樓下望，你會看見一位頭上頂着一個圓形金屬大鐵盤或鉼盤（盤中盛載着數種不同味道的「叮叮糖」），左邊的肩膊斜掛上一把小形摺枱的小販在街上慢慢地走動着，每當有客人來光顧，他便把鐵盤放在小枱子上，然後用小鐵錘慢慢的敲打在另一隻手拿着的鑿刀形小鐵鏟上，把盤中的一大塊硬梆梆的糖，沿着鐵盤的邊緣慢慢地敲鑿成一小塊一小塊細細粒的糖粒，並藉着金屬錘敲打鐵鑿時，鐵盤發出清脆的叮叮聲響來吸引顧客，因此客人稱之為「叮叮糖」，也因為每一粒糖都是經過人手啄啄而成，所以亦叫「啄啄糖」。

我對「食」一向特別感興趣，尤其面對五花八門的街頭零食，更為喜愛。孩子時零用錢不多，不能隨意有機會購買，不過遠遠的從「騎樓」下望，街上呈現着幕幕的景象，確是童年時代消磨時間的賞心樂事。

母親路過，偶爾也會購買一小包回家給我們兄弟分享，少許的叮叮糖，足可吃上半天，硬硬的一小塊糖果，放於口中慢慢細嚼的很耐吃，當中有濃濃的薑味、薄荷味……那種甜絲絲不同味覺的感受，相信跟我同一年代的孩子，至今一定仍會回憶起！

「叮叮糖」可說是麥芽糖的化身，正確的說是麥芽糖的孖生兄弟，因「叮叮糖」的主要成份就是麥芽糖。「叮叮糖」的製作過程是麥芽糖解溶後加上少許砂糖，再分別的放入薑汁、薄荷、芝蔴或花生碎……等食材，攪拌後製造出各種不同味道的糖膠；為呈現固體狀態，當中亦混入適量澱粉、粘米粉等材料。食材雖然簡單，但卻頗考驗師傅的拔糖技術，糖膠的拉拔技巧是製造叮叮糖最關鍵的功夫，當糖拉拔後尚未完全凝固時，把它倒入一個平底圓形或方形鐵盤中，凝固後便成一大塊要用錘子才鑿得開的「叮叮糖」。

街頭巷尾人手鑿開的「叮叮糖」早已在市面消失，現與坊間混上牛奶成份、在香港售賣的「鳥結糖」或「牛軋糖」，或在澳門賣的「紐結糖」極為相似；為了適合新時代人的口味，更加添了芒果、朱古力、士多啤梨……多種生果味道。用人手逐粒鑿開的方式更不合時宜，製作及鑿開等工序，已全改用現代化機械設備處理，並很整齊的一粒粒分別包上精美包裝紙，分門別類的放在糖菓店售賣。

外形設計現今雖說比以前的「叮叮糖」美觀，購買時也比以前方便，但始終忘不了街上傳來小販賣「叮叮糖」時，金屬錘鑿擊鐵盤發出的那一陣陣「叮叮」清脆聲響，更忘不了母親途經街上買回家給孩子分享的「叮叮糖」，那種母親對兒子的記掛，那種濃濃的愛，那種溫馨、那種甜絲絲「愛」的味道，好懷念啊！

4 椰子夾酸薑

廣東童謠兒歌中：「揼揼嚐、揼揼嚐，椰子夾酸薑，雞蛋撈埋十五樣，問你香唔香？隔籬阿叔、阿婆燒炮仗，問你響唔響？唔響打你一巴掌。」又或另一首童謠：「揼揼嚐、揼揼嚐，椰子夾酸薑，雞蛋保茶十五樣，問你喜歡邊一樣？麻糖雞甩（雞屎）黏住手，問你走唔走？唔走黏住你隻手。」還有多首不同歌詞的這類隨音樂韻律而衍生的「椰子夾酸薑」廣東童謠，每一首的歌詞，孩子們都唱得琅琅上口。

不過，當中你會發現到每首歌詞中一定都帶有「椰子夾酸薑」的那一句，相信「椰子夾酸薑」，是孩子當日經常會吃得到的酸甜小食，故他們一同遊戲時也會不自覺地隨口唱出這些詼諧得意、有趣活潑順調子的口令句語。

歌詞順着押韻而唱的童謠，一般來說只是因應當日地方潮流環境順口而哼唱，原是一種地方色彩，其實並無特別深意，或許可以說是非常無厘頭。可是「椰子夾酸薑」和「何家小雞何家猜」這二首童謠，澳門卻在回歸祖國十週年紀念文藝日，請來了澳門菜農子弟學校合唱團，在胡錦濤等領導人和各界嘉賓面前歌唱表演，還由中國中央電視台 CCTV 作全國播放。

由此可見，深入香港民心街頭小食的「椰子夾酸薑」，在昔日是很受歡迎的，其受喜愛的程度，竟流行至毗鄰澳門街頭的小兒也隨口哼而成歌。

兒時愛站在騎樓旁邊看街景，偶爾見到街上有一中年男子，頭戴着竹織草帽、腳穿上黑布鞋，肩膊擔桿上挑着兩隻重甸甸的木箱子，箱內分幾格的擺放着數個高身闊口圓形的大玻璃器皿，器皿內分別裝載檔主已用香料、糖、醋、鹽巧手醃漬過的大芥菜、青瓜、辣椒、沙葛、蓮藕、木瓜、沙梨、青桃、梨仔、椰子角、子薑等等……各種帶有酸甜、微辣、爽口食物。

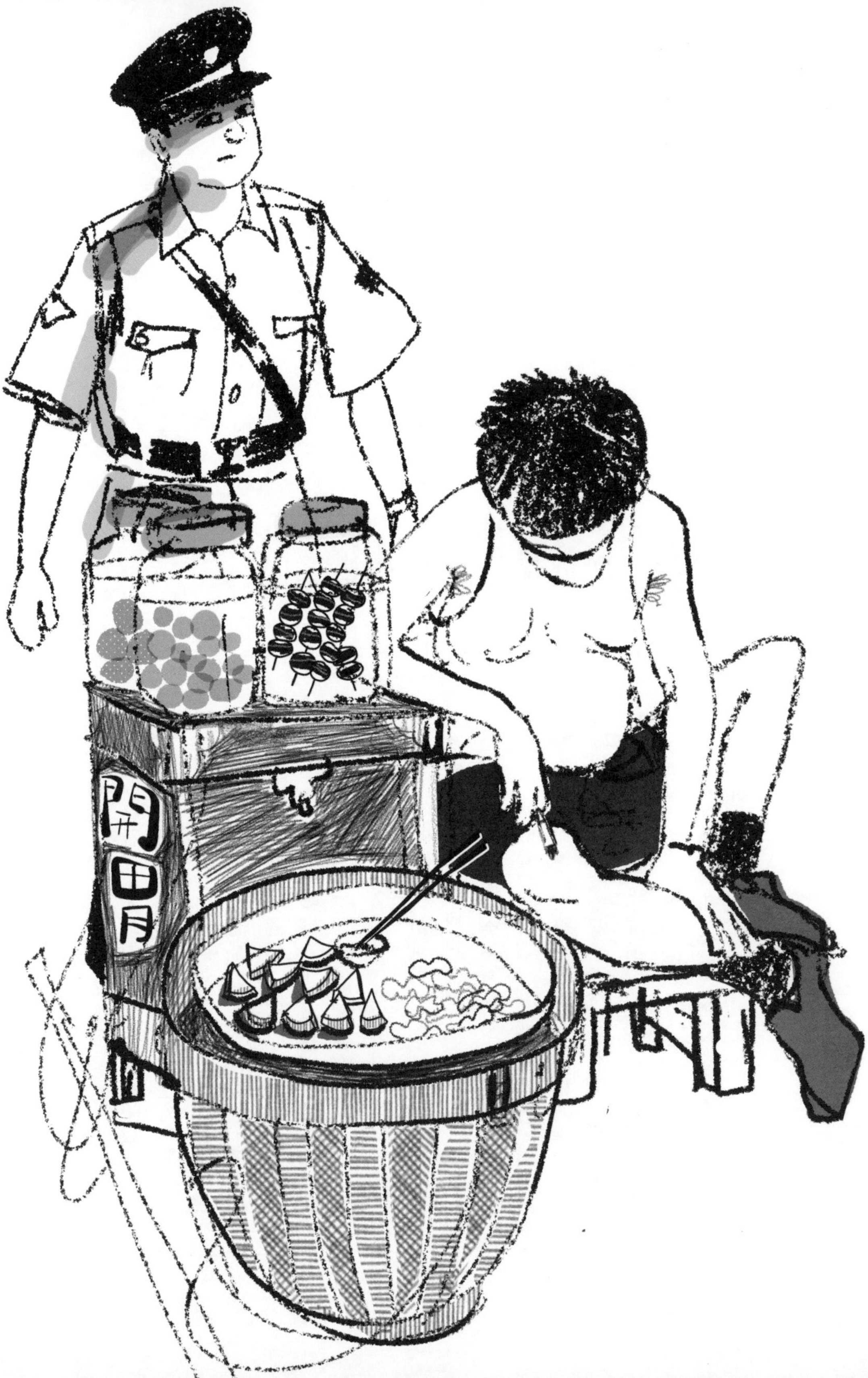
開胃

只見他沿街的叫着：「有開胃消滯嘅甜酸辣菜、有爽口和味嘅……椰子夾酸薑……」。路過的行人，聞到這濃濃的酸甜味，聽到這誘人的叫賣聲，胃口似乎霎時真像肚餓的嚥着口水，圍着觀看。各類甜酸小食全是零售一角幾仙的低廉價錢，故購買的客人因而不少，有購買回家下餸，也有在街上即買即食，其中當以「椰子夾酸薑」最為吸引，因椰子的爽口嫩脆配搭上子薑的甜酸辣味，滋味絕對堪稱一流，食後胃口果然真的大開。

不過，不要小覷這道微不足道的甜辣小食，其實它的食材都是經過很嚴格的挑選，製作過程也是極考驗功夫。據說椰子肉一定要揀選椰樹的新鮮果實，果子新鮮時，撕開外皮，敲破硬殼，就可以看到裏面白白如玉一般厚厚的椰肉，肉質鮮嫩，椰香滑爽，取出後就可以切成三角形狀一小塊、一小塊的用來夾酸薑。

至於要醃製的子薑，據說揀薑更要合時，六月七月期間的子薑是最好，才會無粗筋、薑質脆嫩（所以，這段時間醃製的酸薑特別好吃）。醃薑除了要加上適當的酸醋、糖、鹽外，酸醋一定要先行冷凍，這樣才能做出甜酸爽脆優質口感的酸薑。薄片的子薑與厚厚的椰子肉相配而食，在夏日精神納悶疲憊，不思飲食當中，食後感覺開胃消滯，精神自會為之一振。

回顧當年這類街上販賣鹹酸檔的上佳零食，現今要享用的話，相信只有在家自行醃漬，或在超級市場仍可以購買到一小玻璃樽裝的酸薑、蕎頭……等酸辣菜外，昔日鹹酸檔小販的叫賣陳蹟，隨着環境的變化、食物衞生……等等問題，街上早已不復見了。

5 狗仔粉（狗仔粥）

孩子時從騎樓遠遠的向街上張望，中午時分，往往見到足球場外或戲院門前有一位背後孭着孩子，肩膊挑着兩個大竹籮沿街擺賣「狗仔粉」的婦人。竹籮內放着兩個有蓋高身耐熱的大瓦煲，檔主把烹調好的鹹、甜兩式「狗仔粉」分別的裝載在瓦煲內，用扁擔挑起沿街叫賣。

看她挑着那兩隻重甸甸的竹籮，手拿着一籃子湯匙和碗子，加上背後孭住的小兒，走起路來非常勞累，間中見她停留在路邊人多的地方，大聲的叫着：「熱辣辣有甜、有鹹好食嘅狗仔粉賣……」。

正值午飯時間，滾滾熱熱香味四溢、味道不錯而更可以抵肚餓的「狗仔粉」，每碗只是售賣一、二角錢，確是當時貧苦大眾的恩物，「它」除了可解決口饞之外，亦可以當作該日中午的餐食，故路過買來吃的客人亦十分多，在眾多人客光顧之下，很快的就售罄。

「狗仔粉」形狀頗像現今的銀針粉，是用粘米粉加熱水和成粉團，最後把粉團搓捏成頭尾兩端略尖呈圓形的幼長粉條，形狀活像狗仔的尾巴，故名「狗仔粉」，粉條煮好後的湯都是較濃而略呈現糊狀的也類似粥，故也有人叫「狗仔粥」，其實都是一些通俗不雅的名稱。

檔主把粉條分別烹調成鹹和甜的兩種味道，甜的一款較簡單，只要把水燒滾後放入粉條，再加上適量的紅糖和薑汁一同烹煮至熟，便成甜的「狗仔粉」，甜的售價一角錢。烹調鹹的狗仔粉較為複雜，用的材料較多，所以賣得也貴些。主要配料是白蘿蔔，白蘿蔔去皮切絲（也可用菜脯），加上少許蝦米、豬油渣（碎臘肉），先用葱頭粒起熱鑊，然後把所有的材料炒香，放入清水煮成濃湯，再放入粉條、味粉，熟後加鹽，吃時撒上些葱花或芫荽，就是一碗賣相好、美味又可飽肚的「鹹狗仔粉」，只賣二角錢，堪稱價廉物美，是普羅

甜

大眾的恩物。

檔主用的配料雖全是價格低廉食材，但對當時低下階層的市民能品嚐到的美食來說，雖時隔多年，只要回憶起，那種滋味仍是回樂無窮。

通常年紀大了的老人，回憶的味道，總是最好，就以這一碗平平無奇鹹「狗仔粉」為例，其實只不過是粉條加上一些「雜碎」煮成的小吃，卻滿滿裝載着他們過往在貧困的歲月中，果腹時感受到的味道而忘不掉。隨着經濟上揚，以往街頭巷尾賣得成行成市的各類街頭小食，日漸減少或消失了。但「狗仔粉」這類出身寒微，原是五、六十年代抗戰時期窮人恩物，本不足以登大雅之堂，隨着時代巨輪轉又轉，古老當時興下，近幾年以往這些街頭平民小食，出乎意外的竟然得在坊間重現，且深受人客歡迎，賣的專門店舖，一間接着一間擴充得也越來越多。證明這類街頭傳統懷舊小吃，本身確是得人喜愛而重新被年青的一輩接納與認同。

其實，烹調「狗仔粉」湯中的用料，是可以豐儉隨意的作任何變化，在有心人刻意推動下，這類復古的食物將被看高一線。更有報道說，經過改良後的「狗仔粉」，竟榮登「米芝蓮」殿堂行列！看來懷舊食物將陸續被改裝成為飲食界的新興行業。

6 麥芽糖、麥芽糖夾梳打餅

四、五十年代的香港，貧苦人家的家裏甚少會備有零食，孩子饞嘴的時候，偶然會從廚房麥芽糖小瓦缸中挑一圈麥芽糖而食；或更有機會夾上兩塊梳打餅乾吃的話，已是上佳甜品，是孩子們的一種超級享受。可是麥芽糖並不是每一個家庭廚中必備的調味品，餅乾亦不是家家戶戶都具備有，麥芽糖或麥芽糖夾梳打餅，對當時的孩子來說簡直是奢侈品，亦不是隨意吃得到，有零用錢的話，當然可以光顧街上賣麥芽糖的一位小販伯伯。

有一位揹着錢袋賣麥芽糖的中年小販，經常見他在街上叫賣麥芽糖，只見他一手拿着一把小摺枱，另一手握着一個長方形的手提木箱子，箱子的一邊是擺放了一個高身圓形裝着麥芽糖的銅罐（鋅盤），而另一邊放着一盒長方形鐵罐裝着的「克力格」梳打餅，箱的側邊擺放着一大綑小竹枝。

當有人客來購買，他便把箱子放在小枱子上面，用小竹枝在盤中挑起一圈麥芽糖，把它捲成一個圓球狀的樣子，每份只賣五分錢。人客如果喜歡夾上兩塊梳打餅，就要增加五分錢的附加費了，不過檔主亦識趣地給多些麥芽糖。甜而不膩的麥芽糖漿黏上帶有少許鹹味鬆脆的梳打餅，鹹甜相配下，吃起來別有一番滋味，故客人亦多選購「麥芽糖夾梳打餅」。

還有一種是想吃「麥芽糖夾梳打餅」卻不需要用錢來買的方法，就是用以前最古老傳統「以物易糖」的特殊形式，拿家中沒有用的廢棄物跟上門的「收買佬」交換，也算是當日換取麥芽糖吃的特別方式。

那是一個沒有多餘消費能力，物資短缺年代，一般人的廢棄物都不會隨便棄掉，所有的爛銅爛鐵或沒有用的各種舊玻璃瓶、空鐵罐……都會珍而重之的等待着「收買佬」上門收買。孩子們偶然積存到家裏食用後被廢棄的兩個牛奶空鐵罐，就可以歡歡喜喜的等待「收買佬」

丹頂髮乳

來，向他換取一份「麥芽糖夾梳打餅」來吃。

這些本是家庭中沒有用的廢棄物，經「收買佬」收集分類後廉價再轉賣給其他商人以賺取微薄利潤。而經營不同行業的商人，他們又可以從各類搜購回來的廢棄物料中，揀選有用的物料，物盡其用的再重新製造出另類有用的新產品，然後把這些新產品再度推出市面發售以賺取利錢，確是一舉數得的環保好事。

言歸正題，麥芽糖有別於一般常用蔗糖做的紅糖、黑糖、黃糖、白糖、冰糖。因它的熬製用料不同，含糖量的糖份純屬天然熬製出來的甜味，多食也不會損及健康，是甜食中健康有益的產品。

據專家說：「麥芽糖採自小麥草與圓糯米的結合熬製而成。製作過程：小麥浸水發芽，數天後長大成小麥草，再將小麥草打成汁，和蒸熟的糯米一起用柴火慢慢的熬煮十個小時，讓小麥草汁的水解澱粉酶慢慢將糯米糖分化的分解、分解得越來越濃稠、越來越濃稠，最後就成為我們吃的麥芽糖。」

所以這種小麥草混合糯米，經長時間熬煮完成後的麥芽糖，除了有天然的糖份，還有米的養份，香氣也因此與其他種類的糖不同，可說是傳承着前人古老的智慧、大自然最美的結晶品、甜味古法中的最早天然配方。

可惜，麥芽糖這種天然甜味產品，昔日孩子們最喜愛的街頭傳統懷舊健康美食，相信現今的孩子大概都不認識，他們給坊間「五花八門」、裝潢美麗、種類繁多的其他糖果吸引，漸漸地麥芽糖或麥芽糖夾梳打餅，在他們甜吃中的地位也許早已消失。

7 豆腐花、豆腐腦

記得小時候，每日下午三、四點鐘左右，都會看見一位賣豆腐花的婦人從騎樓樓下經過，只見她用擔桿挑着重重的兩個大木桶，一個是裝滿着白雪雪、嫩滑滑、熱辣辣豆腐花的有蓋圓形大木桶，另一個是分上下兩格的四方形木箱子，上格擺放着兩大樽紅糖漿、薑汁糖漿和一些湯匙，下格排放着一行行的小瓷碗，慢吞吞的在路上走動着，偶或停步在行人路旁大聲的叫喊：「豆腐花……有嫩滑新鮮嘅熱豆腐花……」

客人來光顧，她便拿起一個薄薄的銅杓，從凝固着的豆腐花上層開始一片片小心翼翼的逐片搯起放在瓷碗上，然後隨客人喜好的加入紅糖漿或薑糖漿便可即時享用，每碗只售一毫錢。亦有購買者自備器皿不加糖漿的買回家佐飯。吃飯時加點滷漿汁、炸菜絲、花生碎、麻油、灑上葱花就是一味香噴噴、口感嫩滑、味道鮮美的送飯佳餚——「豆腐腦」。

豆腐花是一道著名的傳統特色小吃，據說南方人較喜愛吃甜的豆腐花，它除了可熱吃外，還可以凍食，在酷暑天時，偶然食到一碗清涼甜甜而嫩滑的凍豆腐花，實是一件賞心樂事。北方人則喜歡吃加上各式鹹味佐料的豆腐腦。無論是豆腐花抑或是豆腐腦，原是同一樣的食物，都是用黃豆製造的製成品（個別的也有用豌豆或蠶豆），甜吃的叫豆腐花，鹹食的稱豆腐腦，鹹甜隨吃者的喜愛。

豆腐花的製造方法其實很簡單，將黃豆用水浸透發脹，加水磨碎、過濾後便成豆漿水，再用微火慢慢的加熱煲滾，把熱的豆漿水約一呎高的距離撞入已調校好的石膏粉漿（食用石膏粉與生粉水調勻）桶裏，撞入時要快速攪勻，並撇除上面的泡泡，完成後桶邊蓋上吸收倒汗水的乾布，靜置三十分鐘後便會凝結成質地稀軟、嫩滑，而透着陣陣豆香的豆腐花。

豆腐花的起源，有詩為證：「種豆豆苗稀，力竭心已苦，早知淮南術，安生獲泉布」。據傳說豆腐花是源出於漢高祖劉邦的孫子，淮南王劉安，他醉心於長生不老之術，急於尋求靈丹妙藥，於是召集一群術士門客，別出心裁的叫他們用黃豆和鹽滷煉丹，燃起熊熊的爐火後，不料不老藥丹煉不成，卻煉得雪白嫩滑的豆腐花，此種別有風味的美食，瞬間便傳開，更發展成為漢民族的一道著名傳統小吃。

至於「豆腐腦」得名原因，根據《故都食物百詠》中稱：「豆腐新鮮滷汁肥，一甌雋味趁朝暉（晨早），分明細嫩真同腦，食罷居然鼓腹歸（意是指食到肚飽

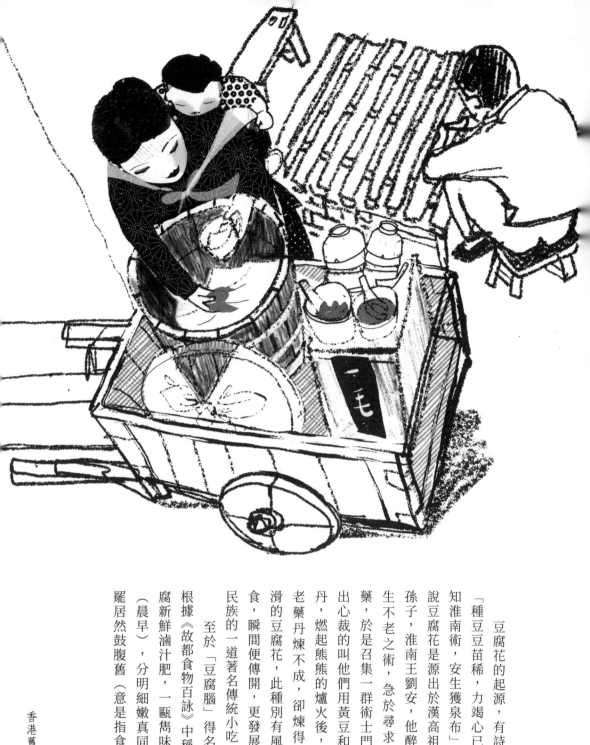

飽還想吃）」。還特別註明說豆腐腦最佳之處在於細嫩如腦，名副其實的得「豆腐腦」之名。

豆腐腦除了嫩滑豆香本身原是無味，一般是加入鹹味的佐料配合，也有具地區性的用料略有不同，北方有加入肉餡、芹菜、榨菜、黃瓜菜、木耳、香菇；沿海地區就用海帶絲、紫菜、蝦皮；還有放入麻醬、辣椒油、香瓜菜、醬油、醋；也有放韭菜花、蒜泥、辣椒油、葱花、芫荽等等……。每位廚師做出來的豆腐腦，皆取決於佐料的不同，做出來的口味自然是不一樣，且各富有地方特色，同樣地受到當地百姓的追捧。據說四川人早上吃上一碗熱騰騰、嫩滑滑、麻辣、鮮香的豆腐腦，是該日不作他想的最佳早食。

後雖有人質疑豆腐花、豆腐腦，不是始源於淮南王劉安，不過，無論怎樣說，據詩篇記載，證明它確是千年歷史留傳下來中國最古老的食品之一，不單止是小食的這般簡單，「它」更是利用大豆蛋白製成的一種高營養、易於吸收，對人體極為健康的製成品。

此類製成品，除含有豐富的蛋白質外，還可以為人體提供多種維生素及礦物質的各種微量元素，例如鐵、鈣、磷、鎂等等……人體必需的營養素。內含有大量的鈣質，對防治骨質疏鬆症有良好的效用，所以，除了預防軟骨病及提高牙齒保健外，據說還可以強身健體、預防糖尿病、高血壓、冠心病、腦中風、癌症等……實一不可多得的健康食物。

故此，這具有千年歷史傳統產品——豆腐花，可以從以前用木桶盛載着的沿街叫賣，延伸至有自己製造的荳品廠，現今更發展到茶樓、素菜館、涼茶舖、糖水店各處都可品嚐的盛況，實是懷舊小食中的「長青樹」，更是難得一見千年屹立不倒的豆類奇葩。

8 裹蒸糉

糉子除了是端午節必備的節日傳統食物外，更可供作日常餐食。甜食的有蓮蓉鹼水糉、蘇木鹼水糉（是要加糖吃）；鹹味食用的有各式鹹肉糉和裹蒸糉。鹹肉糉首要材料當然是要有外層的糉葉，用的食材大都是用糯米、綠豆（或其他豆類、花生）做糉子外層，並依次序的在中央放上鹹蛋黃、及一些已經醃料滷漬後偏肥的五香豬腩肉（也可另加蝦乾或瑤柱等），用糉葉包裹好，然後用繩子把糉子一隻隻以人手包紮起來，放在鍋中蒸焓數小時，糉子焓熟後發出來的一陣陣米香、豆香、肉香及糉葉香味，熱騰騰的吃起來，已是一種令人非常回味的食物。

裹蒸糉更可說是糉子中之王，它與鹹水糉不同的地方，是糉葉的外層再特別包裹着一大片荷葉，故又叫「荷葉糉」。裹蒸糉內的用料，除了與鹹肉糉用的糯米、綠豆、燒腩肉一樣外，通常都會用上整個的鹹蛋黃，再加上冬菇、蝦乾、蓮子、栗子、燒鴨、紅燒肉等等……，比裹鹹肉糉的用料多很多；講究的更會放入瑤柱、金華火腿等昂貴食材。

裹蒸糉因用的材料多，包裹着的糯米相應的也會多些，份量自然比較鹹肉糉重很多，包紮起來也更大隻，所以要焓煮的時間也特別長，據包糉師傅說好吃的裹蒸糉通常要焓足十個小時才可以完全真正的煮熟透，荷葉香味才會特別香濃。大的一隻裹蒸糉，它的份量足夠兩人或多人分食，不過價格相對地也提高很多了。

記得童年的時候，家居附近，經常看見有一個賣糉子的小販停在人多的路旁，叫賣着各式糉子。他身旁擺放着兩隻鐵桶，其中的一隻鐵桶下層是放了一個燃燒着的小炭爐，炭爐上正烘焙着一大煲熱騰騰香味四溢的糉子，另外一隻桶亦是裝滿了剛煮好熱辣辣的各式鹹甜糉子，以作添加備用。間中亦會挑起擔子的沿街叫賣：「鹼水糉、鹹肉糉、裹蒸糉……」。

沿途有路人買回家作餐吃外，亦有很多客人在樓上叫買，因當日樓高只有三、四層，只要把買糉錢放入一個小籃子中用繩索垂下給檔主，檔主隨即把糉子放入籃子裏交給客人。母親偶然也會這樣叫買，但只限於買鹹肉糉，裹蒸糉太貴了，母親不會買。偶然路過相遇，只要聞到荷葉散發傳來那一陣陣濃郁裹蒸糉的肉香味，不由得也嗞口水的想吃。

記得，七十年代初，我們一家六口在美善同道居住，美善同道的居所，樓宇高度亦只有四、五層，環境寧靜。每當黃昏晚飯後，經常都會聽到窗外遠遠的傳來一陣陣：「裹蒸糉……」小販響亮的叫賣聲，裹蒸糉那三個字的尾音都是拖得長長的，遠遠都聽到！在那寂靜的街道上，尤其是在冬夜裏，不知何解，

驟然間聽起來會倍感親切。

他用小小的一輛木頭車推動着正在炭爐烘熱着的一大鍋裹蒸糉，只是獨沽一味的賣裹蒸糉，沿着路旁慢慢地行走着的叫賣，聽到那似曾相識的叫賣聲，又聞到窗外傳來陣陣濃郁荷葉糉子的香味，雖是吃飯不久，突然間也會感覺肚子餓起來，再望着孩子們期待的眼光，不期然的都會走到樓下買一隻回來給大家分享。

打開了外面層層包裹着的荷葉和糉葉，即聞到一陣陣誘人的肉香味，熱辣辣的糉子呈現眼前，外是圍繞着軟綿綿、白雪雪分不開你我的糯米粒和綠豆粒，中間包裹着的是閃着油光的鹹蛋黃、香噴噴的燒鴨、紅燒肉、栗子、蓮子……，香味四溢的一下子都給孩子快手搶食了，剩下那晶瑩剔透、香噴噴、震騰騰的肥肉可愛極了！淑珍怕我獨吃，二話不說的用筷子速速搗碎，像「仙女散花」般的灑遍糉子的各處，不一會也全給我們吃光了。

望着孩子們高高興興進食的樣子，回憶起當年吃不到的滋味，此刻都感覺滿足了。想不到眼前這隻熱騰騰的裹蒸糉，帶給我們的竟

是全家的喜樂與溫馨。

從這一隻小小裹蒸糉的組合中，令我聯想到一個幸福的家庭：有一對恩愛的父母（糯米、綠豆），悉心的照顧着身邊子女（糉子中的餡料），在充滿着甜蜜溫馨愉快的家庭中（包裹着的糉葉、荷葉），經過長時間的互相融洽（十小時的烹飪時間），在洋溢着愛（熱辣辣、震騰騰的肥肉）的滋潤下，浮現出一幅令人羨慕，充滿着溫暖、幸福、快樂家庭的畫面。

題外話多了，言歸正傳，說回裹糉子的事吧。近人多注重健康，重視食材，普遍認為糉子中的熱量、鈉、糖的成份，已超越世衞建議的攝取量，認為不宜多食，因而食糉子的市民相對上便日見減少了。其次包糉子的工序繁複、烹調時間過長，加上包裹糉子的師傅也越來越少，好的師傅難求。而最重要的一點，是食材（糯米、豬肉）各方面，來貨價格的不斷飆升，受到來貨明顯的上漲壓力，若糉子價格相應提高，太貴了，買糉子吃的人將會相形見少；若以貨就價的糉子定必不好吃，銷售量更會大不如前。

面對重重困難的打擊下，糉子行業雖屢經品種變化，調整產品結構，新產品亦不見暢銷。綜觀糉子市場消費趨勢，除端午節傳統節日，食糉風氣仍盛行而多銷售外，平日售賣情況一直未見樂觀。商人營商利益前提下，鑒於目前出現的種種因素，都是不利於糉子行業未來的發展，可見的將來，市面上傳統經營售賣糉子的店舖、食肆將會日見減少！

9 五香蠶豆與焓花生

五香蠶豆與焓花生，是戰前、戰後在戲院門前或渡海輪碼頭外經常看到的廉價食物，是昔日街檔中經營的傳統懷舊街頭小吃。它們不單止可以充腹飽肚，並且可給予市民安坐戲院或乘搭輪船時的一種消閒美食，更是一種營養價值豐富的健康食品。

記得，小時候家居的斜對面就是一間戲院，每到中午上映電影時段，便會看見一位肩膊挑着兩個大竹籮的中年婦人，在戲院門前開始擺賣。竹籮下面各舖上一層厚厚的白布，白布上面分別盛載着熱騰騰已煮好的五香蠶豆和剛焓熟的有殼花生，不停地在戲院門前叫賣。

看着那兩大籮香噴噴、熱騰騰還冒着陣陣熱煙的五香蠶豆和熟花生，實是非常吸引，一小袋只賣一毫幾仙，除供入戲院觀戲的人客購買外，也吸引到許多路人買回家作零食。母親路過，偶爾也會買些回家給孩子們分享。

「蠶豆」的別名很多，又叫胡豆、佛豆、川豆、倭豆、羅漢豆……，是一年生或二年生草本的豆科植物，莢果大而肥厚，種子（蠶豆）卵圓形青綠色，中央有小凹位而略扁，是豆類蔬菜中重要的食用豆之一。從莢果中取出的種子定要煮熟才可吃，食用烹調的方法很多，鮮嫩的種子仁（脫皮）可以用作煮、炒、涼拌、油炸……更可配上肉類作美味湯羹。蠶豆也可以磨碎成蠶豆粉，製成粉皮、粉絲、醬料……等食品。

（題外話：蠶豆本是一種營養豐富而又普羅大衆化的食物，令人遺憾的是據說蠶豆中含有一種能使某些人敏感的元素，食後會發病，尤其是三歲以下的小男孩敏感度最高，這就是人們常說的「蠶豆病」；病情較輕的三數日會自行痊癒，嚴重的話若救治不及就會危及生命。花生也如是，有人吃後同樣會引發嚴重的敏感症，所以進食時務必要小心謹慎。）

母親買回家給我們吃的五香蠶豆，又叫奶油五香豆或茴香豆。烹調過程非常簡單，把蠶豆從豆莢中剝出，水煮滾後放下，加入茴香、桂皮、精鹽、白糖、香精、奶油等佐料用中火煮熟，撈出後便可進食，味道鮮美、微帶甜味、清香可口、豆味濃郁、色澤碧綠，去皮細嚼下，更別有一番風味，可做佐酒冷盤，亦可作飯後小吃。

「花生」是豆科一年生草本植物，它的生長過程與別的植物明顯不同，是陸上植物中唯一地上開花、地下結果的植物。花朵作蝶形的生在葉腋下，開花授精脫落後，只剩下光禿禿的花萼和綠色的子房，子房柄細胞迅速生長的向下伸長，神奇的更從枯萎的花萼管內長出一條「果針」。子房柄延伸至地下的過程中，它的表皮細胞木質化漸變硬，保護幼嫩的果針入土，並把子房平安的送入陰暗不見光的土壤環境裏，在濕潤的泥土中結莢生長成果實。飽滿的花生仁就在子房裏慢慢地長大，故又叫「落花生」，多有詩意的名字！花生更具有豐富的營養價值，號稱我國十大長壽食品之一，故又取名為「長生果」。

花生的用途很廣，莢果取出的果仁（花生）除壓榨成花生油可供煮菜食用外，還有很多其他製成品，例如花生醬、花生糖……，脫殼的花生仁有烤的、炸的、滷的……多種，連殼一起烹調的有水煮後曬乾、或水煮後即吃的五香烚花生……，調製口味更是五花八門。

我偏愛吃花生，任何一種烹調方式的花生我都喜歡吃，尤其是母親當日買回家連殼水煮的五香花生更是我的至愛。據報道說這種水煮的花生最能保持原來的高營養價值。

水煮的烹調方法其實很簡單，首先把花生連殼用水沖洗乾淨，去掉殼外的泥土（據說放入少許麵粉與花生拌勻後，花生外面的泥土便很容易被水沖去），水滾後放入連殼花生，然後放入適量五香料（花椒、八角、玉桂），食鹽後下，一起煮熟。新鮮熟透的花生，香腍味濃，內面的粒粒珠豆，經熱水烚熟後飽滿滋潤，剝殼後又香又腍的花生豆非常好吃，真令人停不了口的百吃不膩。

可惜，以往經常在戲院門前，或碼頭附近擺賣的五

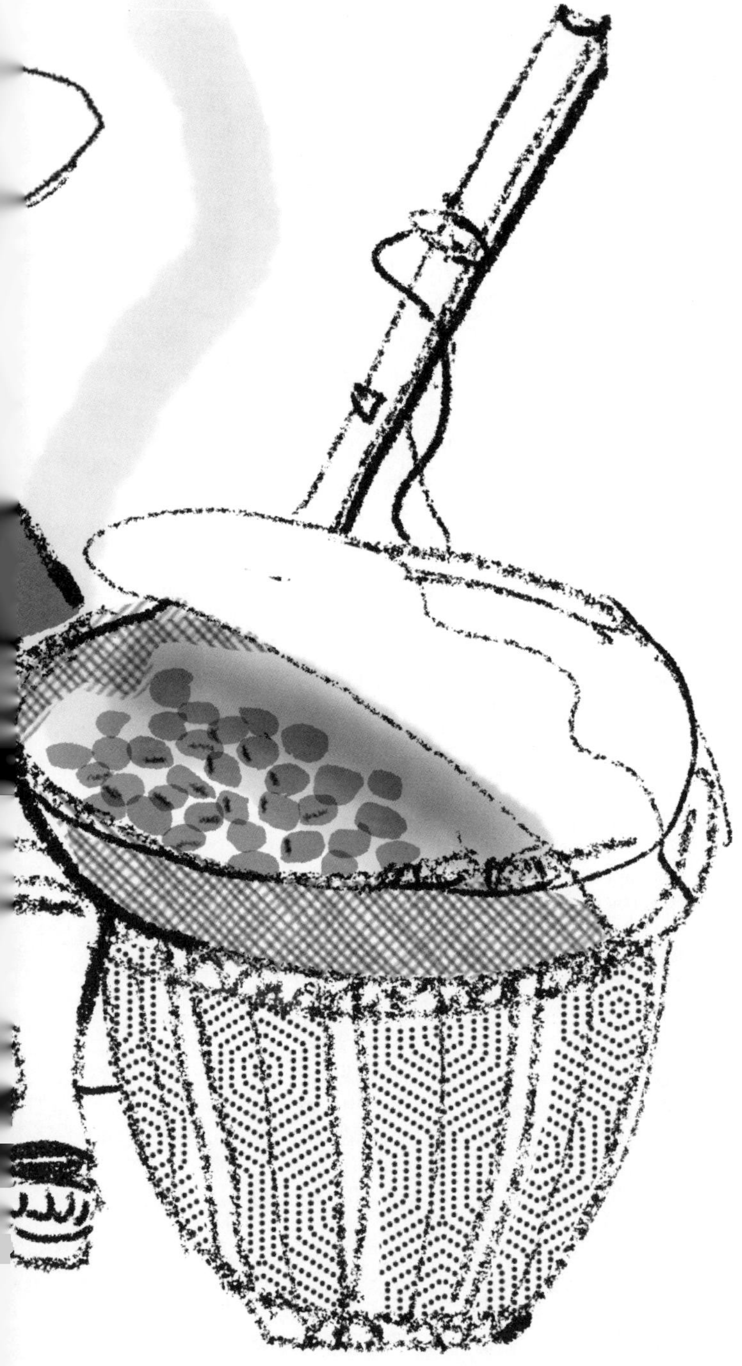

香蠶豆和水煮的有殼熟花生，熟花生現今在菜市場內仍偶見有售賣外，其他的在鬧市中已不再有出現；水煮的五香蠶豆，現已改易為味鮮鹹脆各種不同味道的香酥炸蠶豆，用裝潢漂亮的包裝袋，一包包的懸掛在超級市場內出售。

10 鹹脆花生

〈五香蠶豆與烚花生〉篇中所說的水煮五香花生，雖說是好吃及保持花生營養的一種最好烹調方法，卻因煮熟後熱水藏於花生殼內，令到花生易於變壞，若不即時售罄，即要棄掉，故漸為賣家放棄致市面少見販賣。不過，號稱「十大長壽食品」之一的「長生果」，市場上並沒有因此而慢慢消失，相反的各種烹調花生方法，更仿若雨後春筍般冒出，無論有殼的、脫殼的、或去衣的，皆各有特色的以鹹脆為主，故統稱「鹹脆花生」。

「花生」我們都知道它是唯一的一種地上開花、地下結果，適宜生長於陰暗無光濕潤泥土裏的植物，故稱「落花生」。它是硬殼莢果類植物，每一莢果內面就有兩粒或三、四粒不等的花生種子；花生仁有稍大粒的像腰豆形，也有圓形細粒的像小珠豆，烹調方面揀選哪些合用的，就要因應各種不同烹調方式而決定。例如：大粒的花生衣因外皮較厚且稍帶苦澀，多用作去皮烤焗處理，而細細粒的珠豆因較易烚熟，多用於油炸烹調。事實上，花生的烹調方法真的很多，無論水煮、蒸烚、燴、烤、焗、炸……，或煲湯、涼拌、配菜……都是非常適合，而每一樣都是很好吃。

記得，數年前回香港，途經故居窩打老道轉入豉油街附近，有一間專賣花生產品的老舖，舖內的花生品類繁多，真的數不勝數，除了沒有熱騰騰水煮的熟花生外，舖子裏放滿的都是一大桶一大桶，或是一瓶瓶的大玻璃瓶，瓶內面裝載着的都是各種不同味道的熟花生。

地上放着一桶桶的都是有殼的熟花生，有沙炒鹹香的熟花生、有淡香原味的珠豆、有爽脆的萬里望、有脆口的五香花生、有經鹽水煮後曬乾、或烘焙脆口的鹹脆花生……大粒的、小粒的式式俱備。

沿着牆壁架上擺放着的一排排、一個個大玻璃瓶，瓶內分別裝載着的花生種類更多，有黑芝蔴花生糖、花

生糖、有絕跡多時的啡色魚皮花生、黑色的竹炭花生，更有佐酒或送粥用的老醋花生、滷汁香脆的滷汁大花生、鹹的或甜的脫皮南乳花生，還有辣味可口的椒鹽花生米、晶瑩脆口的油炸花生米……等等，陳列的多是鹹香脆口不同味道花生，琳瑯滿目的眼花繚亂，確是非常吸引，可說是賣花生的專門店。

路過的行人必停步駐足觀看，其門若市的竟有一大群顧客選購。由此可見，昔日街頭販賣花生的小本經營，在時代巨輪轉變下，竟然可以發展為多姿多彩的行業而不見衰退，亦非無因，「花生」實屬市民普遍喜愛的美食。

11 燒烤魷魚

若問街頭擺賣小食攤檔中，香噴噴而又最具吸引力的，我相信莫過於戲院門前擺賣「燒烤魷魚」的小擺檔。

兒時居所的斜對面就是一間戲院，每在放映時段，人流最多的時候，必有一位在戲院門前擺賣燒烤魷魚的小販出現，他的設備很簡單，只是在地上放置了一個烘着火的小炭爐、一張巴掌大，打開像兩面羽毛球拍般的燒烤鐵網架、一張小矮櫈，最重要的當然是他身旁放着要賣的那一大堆乾魷魚。

擺檔後，當爐中炭火燒至適合的溫度，他便坐在木櫈上用燒烤網架夾着乾魷魚，然後專注地每一隻每一隻的放在炭爐上慢慢地兩面燒烤，燒烤過程中，只需在魷魚的兩面塗抹上少許食油，不加任何調味料，魷魚被慢火燻烤得飄來陣陣鮮甜的香味，連我家樓上遠遠也可以聞得到，着實招徠了不少顧客，吸引到很多看戲或路過的客人光顧。

魷魚、鱆魚、墨魚，這三種海產動物，同是身體軟綿綿、滑潺潺，頭端部份都具有觸腕，外形驟眼看是差不多，相信原是海洋動物中的一個大家族，人們戲稱其為「海洋軟氏三兄弟」，三者同屬於「軟體動物門頭足綱」類型，號稱「頭足類三兄弟」，也難怪很多人一時之間分辨不清楚。不過細心辨別之下，三者之間的外貌實是截然不同，有很大分別。

粗略分辨下：鱆魚又稱「八爪魚」，顧名思義牠是有八條觸腕（八條長觸爪），身粗圓而短小，觸腕特別長而肥大，主要用作捕食。墨魚牠的長相較像魷魚而身體略短，肉身偏厚，腹背內黏貼着一大片白色厚厚橢圓形的硬殼片，與鱆魚不同的是牠具有十條觸腕，觸腕較短，當逃避敵人追捕時，往往會噴出黑色汁液以作保護，故又名「烏賊」。魷魚又叫「槍烏賊」、「吊片」、「花枝」，屬「軟體動物門頭足綱管魷目開眼亞目」的海洋

動物，外形酷似墨魚，只是體形瘦削而偏長，呈長錐形，腹背內也是黏貼着一條長長而透明的薄殼片，與墨魚一樣同樣具有十條觸腕，其中左右兩條觸腕特別長，觸腕前端有吸盤，吸盤內有角質齒環，方便在海上獵食。

以上三種都是價格較便宜的海產動物，味道都是非常鮮美，是愛吃海鮮者的至愛。而我較喜歡吃的是魷魚，尤其是兒時母親偶從街上買回家給我們兄弟吃的那種烤香魷魚乾，那種香噴噴、鮮甜濃郁的滋味，撕開後一絲絲的送入口中，慢慢細嚼，回味着那種遠遠飄來的香味，至今難忘。

事隔多年，街頭巷尾、戲院門前燒烤擺賣魷魚乾的小販早已消失不見了，不過從現在各地的中菜館、西餐廳、日式料理、沿海特色菜館……中，每一間的食肆都會費煞心思，用魷魚來創作不同的菜式，烹調出種種不同味道的佳餚來看，證明嗜吃魷魚的人非常多，可以說比以前更受客人歡迎。

時代不同，現今冷藏設備完善，不像以前賣不去或食不完的食物，若不想浪費，往往要靠風乾儲存起來慢慢享用，昔日人工製作的風乾魷魚，今時今日只能在售賣海味的專門店才可以購買得到，價錢相對的會昂貴得多，菜館現今採用的多是從街市買的鮮魷魚，或超市急凍的冰鮮冷藏食品而已。

事實上，若論燒烤魷魚，我認為用新鮮的魷魚，味道是遠遠不及用乾貨燒的魷魚香甜味美，魷魚經過風乾之後，炭燒烤出來的原有鮮香味道是特別濃香惹味、口感不同，絕非現今燒烤的鮮魷魚加上調味料便可以媲美。要找尋這種原始鮮香味覺的話，簡單的可在家裏用乾魷魚自行燒烤了。

12 滷香齋扎蹄

「齋扎蹄」這種香港傳統懷舊食物，據說是由廣東佛山引入的小吃，現今的孩子對它的感覺可能會陌生，可是像我們老一輩的香港人，對孩子時期難得有機會吃到的任何街頭傳統小吃，都一定不會忘記，可惜這類簡樸、健康、價廉的素食製品，現今在坊間已不容易找尋到。

「齋扎蹄」顧名思義是把素食材料紮成一束束像豬蹄子一樣的零食，故雖說是扎蹄子，實是一點肉也沒有的小食。只因形狀活像一隻小豬蹄，故雖是用素材的腐皮造成，卻不叫「腐皮卷」而稱之為「齋扎蹄」。樣子雖很簡單，不過經過人手加工滷製之後，也是一種富有口感耐吃的零食，咀嚼時鹹鹹香香味道亦不錯。對當時零食不多的孩童來說，偶能品嚐到這種豆香美味素食，也感受到那份滿足的幸福感。

說說這種滷汁「齋扎蹄」的製做過程吧。其實做法真的不難、用料亦很簡單，一次過的就可以連續做數十條，只是過程全用人手，略為費時而已。用料只需數張薄如蟬翼圓形的大腐皮，及一大堆廉價的碎腐皮便足夠。把碎腐皮弄乾淨後全部浸入滷水汁（用南乳、五香粉、素蠔油、豉油、麻油、糖、鹽、水）中，盡量泡浸至柔軟，使各種醬汁味融入碎腐皮後備用。大塊圓形的腐皮每幅剪成八大片呈三角形的形狀，每片中央放入適量已浸透滷水汁的碎腐皮，然後由尖的一端壓得實實的再慢慢捲起，腐皮的兩邊亦同時捲入，包成一條條圓形的腐皮卷後，用透明薄薄的玻璃紙個別包裹上，再用小繩子在外緊緊的包紮起，放在熱水鍋中隔水蒸約一小時便大功告成。

蒸熟後的腐皮卷，散發出陣陣豆香及滷水汁香味，放涼後解開繩子和外層的玻璃紙，切成相連的一片片，鹹鹹香香的吃起來味道也真似有些肉味。

兒時經過橫街窄巷或戲院門前，常常會看見一位手拿着竹籃子沿街兜售「齋扎蹄」的小販，這種小本生意，兜售時可算最輕鬆，只須把蒸好的「齋札蹄」擺放在一個手提的容器裏，便可以輕輕鬆鬆地拿着四處叫賣。

或因食物攜帶的方便，小販經常也會走到一些渡海輪上叫賣。記得六十年代的時候，父母曾在澳門居住，那個時代香港尚沒有快捷的飛翼輪船去澳門，大輪船航行的時間往往要六、七個小時才可到達，假期探望父母，一家人經常就會在船上夜宿，天剛亮便可到達了。當沒睡着的時候，孩子們最高興的就是聽到船上小販「齋札蹄」的叫賣聲，很多時我都會買一些給他們姊弟分享。這種價錢便宜又健康耐吃的素食，可給他們略作飽腹及消磨一段時間，相信我們在那段日子裏是吃得最多，孩子們今天仍會記得吧。

現今，隨着民生的富裕，口味的轉變，坊間五花八門精緻的零食，處處可見，「齋扎蹄」這些陳年簡樸小食，相信已不甚受歡迎了，在素食館中或許仍有見到外，街頭巷尾幾已絕跡了。我輩若偶爾憶起而想享用的話，簡單的可依照上述製造方法，在家如法炮製。

13 棉花糖

棉花糖是一種很有吸引力的特色零食，只要放入少少（不到一両）的砂糖在攪拌的容器裏，神奇的便像玩魔術一樣，容器中仿若春蠶吐絲般緩緩地吐出一大簇、一大簇白雪雪、輕飄飄像蠶絲又像棉絮般的幼絲出來，用竹籤順方向把吐出的幼絲慢慢地捲起，就會變成像足球般大如棉絮一樣的甜食。因形態輕盈，飄飄若仙，初美名「仙女絲」。

「棉花糖」雖說是美國發明，其實它最早的雛形，實可追溯至十五世紀的意大利，他們用鍋子將糖加熱溶化後快速攪拌拉出糖絲，再用小木棒捲起來吃，但因此甜品製作費時且複雜，故一直未能流行。直至一九〇四年，美國商人根據旋轉糖的原理，改為半機械化的採用腳踏方式把這產品再次推出，並在「聖路易斯世博會」上首次向公眾亮相，並取名為「仙女絲」。直至一九二〇年代，「仙女絲」才易名為「棉花糖」。

由於早期美國製作棉花糖的方式，仍是採用半機械化的必須不斷要用人力踩腳踏板帶動「小摩打」轉動，力度較弱，「小摩打」難以快速運轉的製作緩慢，而致售價高昂，只有富貴人家才可享用，故坊間遲遲的未能廣泛流行。可以這樣說，這雖是超過百年歷史的傳統特色小吃，早期研發出來的時候，絕非一般家庭有機會可以吃得到，至於街頭巷尾販賣「棉花糖」的小販更不會常見，兒童時期的我，這種神奇魔術式的零食，也從來沒有吃過。

直至七十年代全電動「摩打」的棉花糖機開始面世，電力快速運轉推動摩打的方式，製作工序快捷得多了，生產量亦大大增加，遍及坊間，才把這貴族化的甜點，演變為後來街頭巷尾都認識的平民小吃，更是七十年代孩子們的恩物，掐指一算時間已超過半個世紀了。

無論是人力腳踏機或是電動化機械，同一個旋轉製

作原理，是將砂糖放進圓形銀盤中間的網狀漏斗容器中，利用機器推動加熱，熔化成糖漿後再經高速旋轉產生離心力，變作「糖絲」，主因是由砂糖受熱膨脹所產生，糖漿受熱便由網狀容器的兩邊細孔噴射出來，噴射出來的糖漿，瞬間遇冷後便快速的變成一絲絲固體的糖絲，隨後用竹籤收集捲起便形成一團「棉花糖」。

記得七十年代，父母已由澳門遷回香港「美孚新邨」居住，期間，每逢週日，我們一家六口子例必浩浩蕩蕩地到美孚新邨探望父母，那個時候孩子們還小，很多時我和淑珍都會帶着他們到附近的公園、或「荔園」遊樂場玩耍，他們最高興的就是圍繞在擺賣「棉花糖」的攤位前，好奇地看着銀盤裏的糖絲怎樣走出來。看到他們期待想吃的樣子，通常我都會每人買一根給他們吃，大大如棉絮球的「棉花糖」，放在口中，往往把他們的小臉也遮掩得看不見，看着他們吃的狼狽模樣，也真有趣！

昔日經常會在戲院門外、花園附近、遊樂場所……等地找到擺賣「棉花糖」的小販，現在少見了，多已在商場食肆中擺放，或更晉級的放在酒店餐廳中作示範表演。種類繁多的懷舊零食當中，「棉花糖」的地位依然可以保存至今，且已由半自動腳踏式發展至今天的全電動化，由街頭販賣進展到高級大酒店食肆，亦屬罕見。

現今更有部份糖果企業的大製作商，生產了袋裝「顆粒狀」大、小微型的棉花糖放在超市寄賣，或加入了含有各種水果味、形狀特別、不同顏色的顆粒狀微型棉花糖，用裝潢華麗的包裝，銷售到世界各地。

14 龍鬚糖

「龍鬚糖」之名，堪稱有「王者之風」，頗具霸氣名字的中式零食，原名「銀絲糖」或「麵線糖」，被稱爲「國技」之一的一種傳統中國民間古老甜食。據說它已有二千年的歷史，不僅是民間小食那麼簡單，拉製「龍鬚糖」過程當中更仿若一場場的魔術表演，可說是民間傳統智慧藝術的結晶！

偶見街上賣「龍鬚糖」的師傅，他們打開裝着糯米粉（炒香的熟糯米粉）的小鐵箱，雙手熟練地將一個拳頭般大的麥芽糖膠，像拉麵條般手上沾上糯米粉不停地來回拉圈，一揑一拉一扭、一揑一拉一扭的一圈重疊一圈，來回十數圈，只須數分鐘的時間，便把糖膠拉成千絲萬縷幼如蠶絲般白色長長的糖絲，然後以炒過的芝麻、花生碎，混合着砂糖和椰絲，放入一小撮的糖絲中，輕輕捲起，「龍鬚糖」便大功告成。

不要小覷這仿若魔術表演的師傅，他們把一團糖膠拉成一絲絲糖絲的功夫，其實絕不容易，力度不但要剛中帶柔，拉的技巧都是要靠經驗一點一滴累積起來，功力一點都不簡單！

「龍鬚糖」之得名，傳說是清朝皇帝雍正時的一位御廚，偶在民間找到一種名叫「麵線糖」的小食，一日，於設「滿漢全席」宴會時，他即場表演拉製「麵線糖」給皇帝及群臣欣賞及享用，當皇帝看罷這場出神入化、嘆為觀止的表演，與及品嚐到這貌如蠶繭般特別、味道清香、入口即溶的一粒粒雪白銀絲甜點後，不禁龍顏大悅，即席賜予眾妃嬪與臣子共享，並御封「麵線糖」為「龍鬚糖」。

也有一說，「龍鬚糖」之名，始稱於民間，「龍鬚糖」原名「銀絲糖」，據說是宋代皇帝喜愛吃的其中一款甜點。薄薄的一層白色糖衣，幼幼的恍如蠶絲一般，取一小撮厚厚的裹着芝麻，花生碎、椰絲、砂糖等餡料，看

上去真有點像蠶蛹，外層的糖絲又像一把白色的小鬍子。民間因為皇帝喜愛吃，中國「龍」是代表皇帝，糖絲又像龍的鬍鬚，提升其尊貴身份，「銀絲糖」遂改稱為「龍鬚糖」，一直流傳至今。

「龍鬚糖」的糖絲，主要的用料是麥芽糖膠（製造方法詳見麥芽糖篇）加上糯米粉，食材看似很簡單，其實最吸引的地方就是看它的拉製過程，活像看魔術表演一般，不但孩子喜歡看，相信任何時代的人都會喜歡看。

記得兒時居所附近，經常都會看到一位擺賣「龍鬚糖」的小販叔叔，他肩膊斜掛着一個方形的鐵箱，手拿着一把摺合的小桌子，通常是四處走動的叫賣，五分錢也有交易。當「龍鬚糖」將售罄的時候，便把鐵箱放在小桌子上，停在路邊全神貫注的預備即場拉製糖絲，這是最熱鬧的時刻，立時便有一大群人圍攏着他駐足觀看，這個時候我例必往街上跑，看熱鬧。

小小巴掌大的一團糖膠，在魔術手操作之下，轉眼間便變成千絲萬縷幼若蠶絲一般的白糖絲，這神乎奇技的變化，難怪可號稱「國技」之一，若非親眼目睹，也如孩子們般目瞪口呆的難以置信，也活像看一場雜技表演。

直到六十年代末，亦偶見售賣「龍鬚糖」的小販在街上擺賣，不過已不見他在街頭即場表演，賣的全是早早已造好一粒粒像蠶蛹般的成品。「龍鬚糖」很久已沒見小販在街上擺賣，數年前偶經旺角，驚喜地發現街頭一角有售賣「龍鬚糖」的小販，急買些回家嗜吃，可惜非常失望，食時已全沒有以往「入口即溶化，餡料帶酥脆」滋味的感覺，硬硬的真難吃！

看來，這空有王者之名的「龍鬚糖」，反不若「棉花糖」的好運，可以有電動機器替代。今人在「取易捨難」的心態下，拜師學藝的年青人已絕無僅有，據說香港現時仍懂得此手藝的師傅，人數已不足十位。亦因預先造好的「龍鬚糖」不耐存放，經營實不容易，據說，部份有心人欲積極改善研製出一款可以存放一年的「冰脆龍鬚糖」，精心設計各式包裝，並推出多款創新口味，希望可以為這款古老傳統美食，注入新活力，將這別具特色的街頭小食打造成香港本土手信禮物，進軍到世界各地。

可惜，這只屬鳳毛麟角的一斑，倘若缺乏學此手藝的新一代接班人，到底是起不了大作用。在後繼無人承傳下，難怪人們都說「龍鬚糖」這門保持了二千年的古老傳統手藝零食，雖號稱「國技」，在香港卻幾近失傳了。

15 手推雪糕車

兒時在公園遊樂場附近，或小童玩耍的地方，經常都會看到一位推着「手推雪糕車」的小販在擺賣，或樓下傳來熟悉叮叮噹、叮叮噹的陣陣鈴聲響，當聽到這聲音，不看而知是那位手推着雪糕車，沿途叫賣着「雪糕、雪條、汽水……」的小販伯伯又來了。

軟滑滑的雪糕、透心涼的冰凍雪條，這類街頭零食，相信任何年代的孩子都會喜歡吃。根據香港飲食史書記載，賣雪糕、雪條、汽水的雪糕車，在香港已有逾百年歷史，而最早期的是以手推車為主。所謂「手推雪糕車」，其實只是把一個小型冷凍箱裝在一架四個輪子的手拉推車上，然後拉着車子四處兜售箱內的冷凍食品，並聰明的在車子上安裝了搖鈴以招徠顧客。

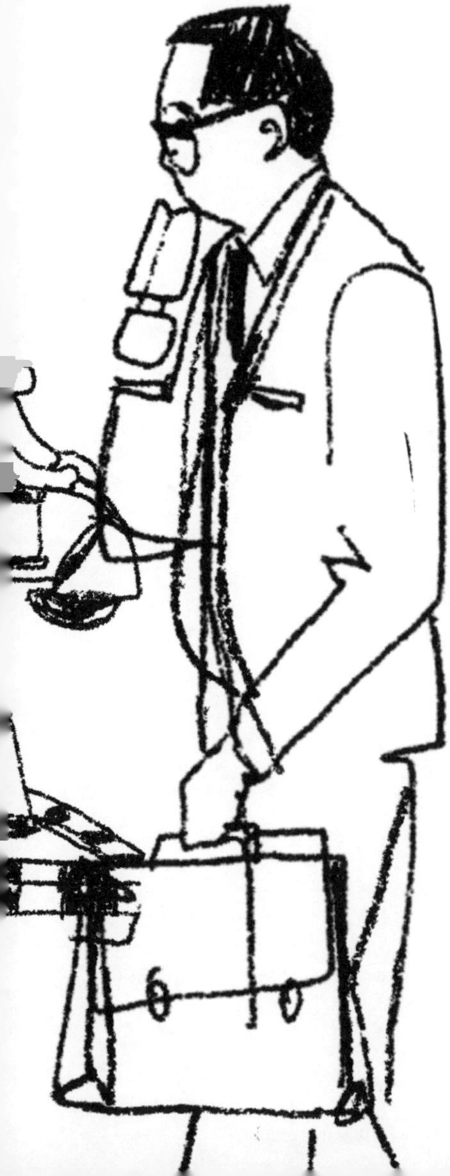

冰箱裏整齊放着的多是自家製造產品，例如：自製的軟雪糕、牛奶雪條、橙汁雪條、紅豆雪條、綠豆雪條、汽水及一些醃漬過的各式袋裝涼菓，這類售價較便宜；而最昂貴的要算從外面買來售賣的蓮花杯和甜筒。這些冷凍街頭零食，母親認為多吃會壞肚子，所以，從來不

會買給我們吃。偶爾與小朋友在球場踢波後，若袋中尚有五仙零錢，偷偷地也會購買一枝雪條靜靜地躲着吃；涼透心扉的冰條，雖在大熱天時玩罷疲累中，精神也立時抖擻起來，算是我兒時的一種生活享受、一種飲食回憶！

其後漸漸由早期手推雪糕車的經營，部份發展到以單車或三輪車營業。全盛時期的雪糕車，包括手推雪糕車、單車、三輪車合共有二百多架。直至上世紀七十年代，香港食環署及運輸署為方便管制各地流動小販擺賣，他們

必須要領取小販牌照；又建議以往的手推雪糕車、單車……原來的流動經營者，必須改裝為雪糕電單車，要通過考取電單車駕駛執照後，才會發出合法經營的雪糕牌照，把部份年邁而未能考獲車牌的無牌雪糕小販淘汰。

從此，白色車廂、車頂架上藍色太陽傘，播出熟悉音樂的流動雪糕電單車陸續在香港街頭出現，雪糕種類多了，經營的規模也擴闊了。並於七十年代末，有人引進英國白色車身、藍色車頂、紅色車頭，沿途在售賣時播出悠揚悅耳《藍色多瑙河》樂曲的「富豪雪糕車」到香港，集團經營式一輛輛的「富豪雪糕車」便開始陸續問世，賣的雪糕種類多了，售價較高。

那年代，百多架兜售雪糕的電單車和十多輛集團所經營的流動富豪雪糕車，經常穿梭於街頭巷尾、學校附近，到處可看到，可說盛極一時。

隨着時間的過去，香港政府為了易於規管無牌小販，自一九九三年起停止發出流動雪糕牌照，在刻意淘汰雪糕車的政策下，食物環境衞生署除了早期不准牌照轉讓外，並重金利誘將餘下持有人的牌照收回。

在政府提出「流動雪糕車自動交回牌照」的計劃下，延續了一段時間後，許多昔日從事流動雪糕車的老人（據說僅剩下三十多名），都紛紛退出這行業並自動交回牌照。直至二〇〇八年十二月三十一日，曾經盛極一時，音樂飄揚的雪糕車，終於劃上休止符而絕跡於香港街頭。代之而起，現今孩子們見到的卻是各式各樣不同材料、口感、色彩繽紛的雪糕、雪條，紛紛在售賣雪糕的專門店推出。以往多年來陪伴着香港人成長的各種街頭流動雪糕車，已經成為港人兒時飲食的集體回憶！

（編按：政府其後增發過數十個俗稱「雪糕仔牌」的「冰凍甜點」流動小販牌照；而「富豪雪糕車」旗下仍有十數有效牌照及繼續營運着，所以並未絕跡於香港街頭。）

16 煨番薯（烘焗番薯）

「番薯」相信沒有人會不認識它，在眾多蔬果植物當中，它算是一種易於培植的植物，在高寒少雨埋於淺水泥土的惡劣環境中，它仍能持續茁壯地生長。據說，番薯和它的近親馬鈴薯同屬出身於南美洲的安第斯山高原，後移植到中國內陸，因原產地來自西方美洲，故我們統稱它為「番薯」。

記得，日寇佔領香港，在那三年零八個月的香港淪陷期間，母親帶領着我們兄弟四人，從香港逃難返回家鄉惠陽，由於離開故鄉已多年，家中除僅有的部份傢具外，糧食全無，可說一貧如洗，在糧食不足的情況下，一家五口難得有一碗白米飯吃，遇到天旱饑荒時更要兼食由大海撈起的海草或樹葉，那時未曾成為餓殍，已算是十分幸運。

能夠在糧食短缺的惡劣環境中僥幸生存，補充米糧之不足，全賴有粗生的番薯成為我家當年的救星；它不佔稻米農地，又不需用任何特別養份（只需用動物的糞便），短時間內便可以迅速生長。母親也辛勤種植了番薯充饑，方得以擺脫飢餓的日子。「捱番薯」戰亂時順理成章的成了當時人民的救命食糧，我家只是其中的一個例子而已。

早期的番薯，只有白心番薯和黃心番薯兩種，白心番薯味道較清淡，多用作菜餚烹調（煮咖喱）或混與稀粥同煮。黃心的雞蛋黃番薯肉質軟嫩，甜而多汁，適合煲糖水、蒸、焓，或整條煨熟而食。其後更從日本各地引進有機的黃心及紫心番薯，黃心的較硬，長時間燜煮或蒸熟都不會爛，甜味清淡，番薯味較重，用炭火煨來吃很香口；紫心番薯甜味香濃，色澤美觀，是番薯中最硬身，口感質偏粉，適合磨粉的用來製造甜品糕點。

在眾多番薯烹調方法中，我認為煨的番薯是最好吃。記得母親在家鄉時常把番薯放入爐灶內，利用剛熄滅的柴火熱力將番薯慢慢煨熟，回想起在那寒冷的冬天裏，手捧着熱騰騰的熟番薯，剝開番薯皮仍冒出白煙的那一剎，陣陣香氣撲鼻而來，吃時那股清甜而又溫馨的感覺，至今印象特別深刻。

煨番薯，或烘焗番薯，是香港四、五十年代經典的街頭小吃之一，售價便宜而又可以飽肚的食物，可作日常餐食之用，故沿街小巷兜售的小販到處可見。通常小販煨焗番薯之前會預先風乾它兩至三日，令番薯的甜度提高，然後放入大圓鐵桶內用柴火慢慢煨熟，再轉用火力持久的炭火焙熱着出售。當有客人光顧的時候，他們就揀出符合客人要求的大小番薯，放入紙袋中，熱騰騰的熟番薯是最好吃，據說寒冷的冬天，煨番薯的生意會特別好。

內子淑珍一向偏愛吃像番薯這類易於飽肚的食物，尤其對煨熟的番薯特別喜好，無論何時何地，只要她在街上遇到有售賣煨番薯的小販，總若「執到寶」似的喜孜孜買回家給大家享用。那時的生活，無慾無求，容易知足，淡泊自甘，雖不是富裕，一家人卻是很幸福和快樂！

其後，香港食環署及衞生市政局，以阻街為理由，繼停止發放流動小販的牌照後，並於一九九五年全面消滅街上流動小販的出現，沒有領牌的小販理所當然地被視為無牌小販而遭拘捕，有牌的也會被控阻街，拘捕到的要嚴加罰款及把貨物充公，自此之後，街頭巷尾少見有賣煨番薯的小販出現了。

回顧各種街頭懷舊小食，雖受到淘汰及重重打壓，不過隨着人民生活的需求及社會的演變下，由街頭巷尾隨處兜售的街檔、行販，部份卻轉移到坊間各式店舖經營，當中的種種歷程，實是細訴香港社會民生的不斷發展。

番薯的各類熟食物，也隨着時代的演變，由街上傳統小食攤檔中販賣，升格轉移到甜品店內的番薯糖水、喳咋或日本壽司店（沾上脆漿）天婦羅的炸番薯、或西餐館中炸薯條（番薯薯條）中可吃到。更有包裝精緻、切成幼條、口感柔軟，各種袋裝番薯乾在超市擺賣。

若想吃蒸、焓或煨番薯的話，菜市場上有各種不同品種的番薯售賣，可買來在家自行蒸焓，或放在焗爐中烤焗，味道當然沒有以前街頭炭燒古早味的「煨番薯」好吃。

17 炸蘿蔔絲餅（炸油糍）

「炸蘿蔔絲餅」又叫「炸油糍」，是上世紀五、六十年代香港街頭的經典小吃，現在幾近絕跡，相信現今年青的一輩，已很少人吃過這種油炸食物，可能連「炸油糍」的名字亦從未聽聞。這種油炸小吃，是香港五六十年代很普遍而地道的廉價零食，坊間街檔常見擺賣外，擺賣最多的地方要算是新界沙田火車站附近的一帶。

五、六十年代的沙田與大圍，當地仍是一個農村鄉鎮，放目遠眺，只有寥寥落落的村屋散佈各處，到處都是一大片、一大片的耕種農地，鄉民民風純樸，一貫的保持着農村生活方式，以務農者居多。那個年代來回港九新界的主要公共交通工具，是一列列環環緊扣的火車——是一架車廂扣連着另一架車廂的舊式火車，獅子山隧道通車前，沙田周圍環境純屬大自然的田園郊野景色，理所當然地這一帶就成為港九市民郊遊勝地。

每當假日，沙田車站附近一帶，遊人如鯽，熙來攘往的特別熱鬧，農民的農作物，除了一小部份留下供自用外，其餘的都是拿去城市出售，或擺放在火車站路旁供遊客購買。

各類攤檔中，最具吸引而印象特別深刻的，就是剛下火車，沿着火車站附近一檔檔香噴噴的油炸食物。路上只見三五成群的鄉村婦女，自成一檔檔的在路旁擺賣着各式油炸食物，她們售賣的大都是就地取材，自家耕種的農作物，有外層淋上粉漿的炸番薯、有釀好魚肉的青辣椒、釀茄子、釀豆腐、炸蘿蔔絲餅……，通常要炸的食材她們早已處理好放在一旁，只是全心全意地看管着炭爐上大油鑊裏快將炸熟的食物，油鑊的上面半掩蓋着一片鐵絲網，備作隔油停放炸好的成品。

由於菜蔬特別新鮮，炸熟後的每一種食物都各有特色、不同風味，其中以剛炸好熱辣辣金黃色酥脆外皮，內裏軟綿綿的「炸蘿蔔絲餅」最好吃，吃時陣陣蘿蔔香味，感到特別鮮美可口，也最為吸引。

蘿蔔絲餅用的材料其實很簡單，除用新鮮的白蘿蔔切絲（用鹽稍醃後，去掉鹽水），加入炒香放涼後的蝦米碎、肉碎或葱蒜……倒入已調校好味道的麵粉漿中攪拌，再均勻地放入一個特製（直徑大約三吋，厚約吋半，稍呈碗狀）圓形有柄的鐵模勺子裏（模勺子內四周掃上層薄油），把勺子浸入熱油鑊中慢慢地炸，直至上層微呈金黃色，凝結後的蘿蔔絲餅便很容易與模勺脫離，脫離後繼續的在油鑊中炸至全件金黃色便可撈起，放在隔油網上，便完成一個個外面金黃酥脆、內裏鹹香爽口、鮮味多汁的「炸蘿蔔絲餅」。喜歡的更可沾些甜醬、辣醬同食，熱辣辣的一口咬下去，細嚼之下的百般滋味，至今仍覺回味無窮。

「炸蘿蔔絲餅」食材雖說很簡單，但製作方面卻要一絲不茍逐個、逐個分別的慢慢炸熟，工序繁複費時，街頭擺賣已逐見減少，其後，更在市政府嚴禁街頭流動小販不可沿街擺賣，與及舊區重建、實施農村現代化城市規劃，大小商場遍布的種種影響下，更少見街上有流動小販在擺賣。從前「炸蘿蔔絲餅」的街頭懷舊小食幾近於絕跡，縱使坊間偶見蹤影，也是預先炸好的，不復從前滋味。

現在坊間食肆吃到的，或放置超市雪櫃中售賣的一包包蘿蔔絲餅，全是外面包裹着一層厚厚麵粉（油皮或酥皮）的半製成品，無論在炸、烤、或煎熟後，總覺得皮層與餡料互相分離的索然無味，與以往所有材料混合後炸的內外一致，皮肉細緻均勻，炸好後外脆內軟多汁的融為一體，吃時熱辣辣、香噴噴的「炸蘿蔔絲餅」兩者比較下，口感滋味真的不可同日而語！

18

臭豆腐

「臭豆腐」，可以說它是一種非常奇妙的懷舊小食，它的獨特氣味更是獨樹一幟的難以言喻，尤其是剛炸好的臭豆腐，喜愛者覺得它異香撲鼻、趨之若鶩、甘之如飴，厭惡的卻覺得它奇臭無比，退避三舍，兩者喜惡差別之大，確是一種與眾不同、獨一無二的懷舊小吃。

臭豆腐本是浙江紹興的傳統小食，在上海一帶處處可見，是上海人特別喜愛的美食。四、五十年代香港淪陷光復後，大批內地的逃難者紛紛湧到香港及台灣等地，當中逃亡的不乏上海人，因此這道上海小食也隨之而引進香港。由於它是豆腐做成的另類發酵食品，發酵後有一種獨特的氣味，聞起來臭臭的，因此名之為「臭豆腐」。

新鮮豆腐變成臭豆腐的起源，傳說中不知是否屬實？據說清光緒年間，北京前門延壽寺街有一位名叫王致和的讀書人，家裏是經營豆腐生意，有一次，作坊做多了豆腐而賣不出去，發了霉卻捨不得扔掉，他嘗試在發了霉的豆腐上撒些鹽和放上辣椒粉，抬到後院裏密封停放，隔了一段時間後，卻發現豆腐面上的霉自動消失，而且還散發出一股奇特氣味，他嚐食過一口後頓覺味道醇美，炸食之下感到外層香酥鬆脆，內面軟綿綿的柔滑可口，覺得非常的好吃，後遍傳坊間試食，感覺美味無與倫比，瞬間臭豆腐「臭名遠播」，不脛而走。

臭豆腐之所以奇臭無比，其中「發酵液」扮演了一個重要的角色，各地的製作方式、食用方法都各有差異。上海食肆約分為臭豆腐乾和臭豆腐乳兩種，這股香臭難辨的味道，相信很多香港人對它都會感到非常熟悉。

「臭滷」（發酵液）以台灣製造的方法最為普遍，是採用開放式的自然釀造方式（用容器密封發酵，不直接加入種菌），在自然環境中任其自行腐爛溶解。臭豆腐的發酵液用料，一般是取用老莧菜莖的一部份，加入洗米水、冷開水、再加腐壞的蛋（或魚塊、豬肉）及食鹽、少許酒等，全部配置完成後，同放在一個密不透氣的槽容器內，停放溫室中靜靜地發酵五至六個月，便大功告成的變成可重複使用多次的「臭滷」溶解液。

隔去槽中腐爛渣滓，取出臭滷，消毒後，把含水分低、質感最堅實的厚豆腐（豆腐盡量用淨布抹乾），全塊的浸泡在發酵液中密封，在溫室裏存放約六個小時，由於豆腐泡浸入臭滷中，細菌及黴菌引起的作用，豆腐中的蛋白質漸漸受到分解，而產生蛋白質中如胺（Amine）及肽（Peptide）……等特有臭味的分解物，遂成為具有獨特氣味，及內裏呈現海綿狀結構的臭豆腐。

這道小食，兒時很少吃，反而在七、八十年代居住在太子道的時候吃得最多。記得，當日我們領得學校房屋津貼，租賃了太子道某一所僅有三層高的二樓花園洋房，每天下午四時左右，便見一位肩膊挑着油鑊擔子，沿街叫賣臭豆腐的外省老人經過，或停在我家樓下大聲叫嚷着「臭～豆～腐～」，通常他都是邊賣邊炸的，經過時街上散發出的陣陣獨特臭臭氣味，好此道者，覺得異香撲鼻、芬芳美味，怕臭的人則掩鼻繞路而過。

我們居住的地區日常甚少有沿街叫賣食物的小販經過，所以特別矚目；崇修從小特別喜愛吃這種怪味零食，假日裏我們經常地也會買來吃。那小販賣的臭豆腐炸好即吃，有入口即溶化口感，特別皮脆內鬆軟，塗抹些甜醬辣醬同吃，更覺得非常地好味，後來不知甚麼原因，忽然間消聲匿跡的不見他的蹤影，從此，我們難吃到如此好味的臭豆腐了。

多年後，路過維園偶見一「臭豆腐」擺檔者，嚐試後尚覺可媲美外，現今坊間縱使食肆店舖林立，遍尋下也難覓得其蹤影，想是瀰漫於空間獨特臭臭難聞的氣味，令附近部份食客難以接受，得不到大眾認同之下，縱使有人特別欣賞，往往亦尋食之不易。據知台灣現今好此道的食客仍有不少，需求供應下，仍有不少售賣臭豆腐的專門店舖，可是在香港它卻沒有那麼幸運，在難覓容身之地的環境下，臭豆腐這種別具特色風味的街頭懷舊小吃，料想不久之後將會慢慢地在香港消失！

19 滷水雞翼

滷水雞翼可稱百搭中上佳的滷水食物，它是大小宴會、旅遊零食、街邊小吃……任何環境、時間，隨時隨地都可以充當上場的隨意小吃。它更可以當家常小菜、佐酒佳品、拌粉拌麵，或自助餐中的一道佳餚……可以說是滷肉中極普遍而簡單、既爽口又肉質嫩滑的美食。

通常一鍋好味的滷水料理，除了食物要新鮮外，調製得好味與否，全取決於浸焗食材的那鍋滷水汁，可以說調校得宜的滷水汁是炮製滷水食物中的靈魂，是最重要關鍵主角，只要有香醇濃郁、味道鹹甜適中的滷水汁，任何食物烹煮後，經過適當時間的浸焗，都可以變成可口而又美味的佳餚。

現在事事講求效率快捷，現今的滷水汁，最簡單的莫過於買一瓶現成的，加入適量清水調製汁底燒熱後，便可以直接（肉類或需個別預先處理煮熟）放入要滷的食材，慢火滷製入味後便可以進食。老實說坊間現成的滷水汁到底香氣不足，味道層次感亦不及自己用香料調配來得豐富，更未必適合自己口味，倘若時間充裕的話，還是自製滷水汁的好。

自製的滷水汁除需多花一點時間慢火烹調外，其實做法亦相當簡單，可用適量花椒、八角、桂皮、草果、陳皮、沙薑、香葉、丁香、小茴香、肉蔻、羅漢果、甘草……等香料，沖洗過後用煲湯袋入好，就是自製滷水香料包。清水燒沸後把香料包放入，再加入老抽、生抽、薑片、蒜粒、葱頭，及適量的冰糖和鹽慢慢熬煮，味道調校至鹹甜均勻恰到好處，一煲香噴噴、味道濃郁的滷水汁便調製完成，可以滷製出同一樣味道、不同質感的各類食物。

四、五十年代，香港重光後，英政府初期對街上流動小販較疏於規管，故大街小巷、戲院附近、工廠門前到處都見有擺賣零食的小販走動。其中售賣滷味小食的小販也有不少，他們賣的當然是自製滷汁的滷水食物，鍋內通常是滷熟好熱辣辣的鷄蛋、雞腳、鴨腎、豆腐、雞翼……，亦有些是剛撈起擺放在滷水盤中任人選購。

當中最熱賣的是滷水雞翼，雞翼味香多汁、鮮滑肉嫩，烹調也很簡單，只要把雞翼放入燒滾的滷水汁中用慢火烹煮一會，熄火焗至入味，冷熱都可以隨時拿來吃，個人認為鷄翼實是雞隻中最好吃的一部份。

其後在政府嚴禁小販隨街擺賣，很多懷舊式的小吃，在街上已漸漸的找尋不到了，現今能依舊保存的，普遍兜售方式已不是昔日沿街叫賣的小販，而是轉換至街舖小吃店或酒樓食肆銷售。滷水食物更是得天獨厚的幸運，它不僅能一直繼續保持，更多元化的發展到茶樓、酒館、潮州菜館、各專門食肆都見有售賣。

多元化的滷水食物，無論滷肉或素食，式式俱備的遍佈各處，滷肉中有滷水鵝、滷水乳鴿、滷水牛脲、牛腩、滷水雞、雞腳、雞翼、鴨腎、滷水豬肚、豬耳、豬大腸……等；素食的有滷水豆、豆腐、雞蛋、花生……等，種類繁多、數不勝數。其中更以潮州菜館中的滷水乳鴿及滷水鵝最為著名。記憶所及，備受普羅大眾歡迎而不變的，仍數昔日老少咸宜、價錢適中，任何場合都適合吃用的滷水雞翼。

20 砵仔糕

砵仔糕（缽仔糕）是一名字略帶鄉土味的中式甜食，它是五、六十年代常見的街頭擺賣小吃，現今雖不致瀕臨絕跡，但找尋亦不易。不過在當年經濟消費能力低、人民生活要求不高、零食少的年代，這種傳統廉價懷舊小食，相信很多人都有吃過。

用瓦砵蒸熟的砵仔糕，用料簡單、成本少而又可頂肚餓，是價廉味美的甜品，質感柔韌，吃起來味道甜甜地特別香滑。據說，砵仔糕

本是四邑地道的街頭小食，是昔日酬神祭祖必備的糕點，後隨逃難者引進香港。初還特別選購自台山運來直徑只有兩吋多闊、吋多高的瓦製砵仔，由於砵仔容量小，蒸時火力均勻，熟後脫出瓦砵，不會有邊硬而中間軟的現象。砵仔形狀的糕點，小巧的的骰骰的，故名「砵仔糕」。

傳統式製造的砵仔糕，主要用料是粘米粉（也有放少許澄粉、薯粉，增加糕點黏滑）、水及煮溶的黃糖或蔗糖水，一起拌勻成米粉濃漿，放在一個瓦製的小砵內蒸熟（小砵蒸前預先要薄薄的掃上一層油，方便熟後易於脫出瓦模），便成深黃色的砵仔糕，用白砂糖調配蒸好的就是白色砵仔糕，更有些提高口感、美觀，加入紅豆（煮腍）的紅豆砵仔糕。後來小瓦砵多已改換成小瓷碗，坊間仍沿用瓦砵的，也屬碩果僅存的不復多見。

記得抗戰勝利後，重返香港，在旺角通菜街二樓居住時，經常看到有一位挑着小箱子沿街叫賣砵仔糕的婦人在樓下經過，箱子裏一格格整整齊齊地，排放着一行行瓦砵盛載着的各式砵仔糕，每當有客人光顧的時候，她才把砵仔糕從小瓦砵中倒出來，以兩枝小竹籤穿起來遞給客人吃。剛從瓦砵倒出來的砵仔糕，還熱騰騰的散發出陣陣米香、糖香甜甜的味道，口感柔柔軟軟略帶煙韌的，特別爽滑好吃。

砵仔糕可算是香港傳統懷舊糕點之一，後來分為粘米粉造的老式砵仔糕和改用澄麵粉造的水晶砵仔糕兩大類。一般來說老式傳統的砵仔糕在以前比較多見，現在常見的多是外面透明，中間藏有鹹或甜餡料的水晶砵仔糕，正確的說，應是水晶包或水晶餅。

昔日無人不知、街頭備受客人喜愛的砵仔糕，隨着時代的改變，中西甜品多如天上繁星，數不勝數，舊式傳統的砵仔糕已不再受歡迎，雖不致於坊間絕跡，卻恍如其名字的帶有鄉土氣，活像鄉村樸實小姑娘，瑟縮躲於甜品中的一角，靜待有心人前來尋覓。

21

大夾餅（砂糖夾餅）

今時今日年青的一輩，相信他們知道的只有雞蛋仔、香蕉仔餅、格仔餅……這類小甜品零食，而對於昔日曾盛行一時，極得人喜愛的街頭小吃「大夾餅」，可能已不大認識。實在的它像無聲無息慢慢地在坊間銷聲匿跡的遍尋不獲，不過，回想起「大夾餅」剛焗好時的皮脆內軟、餡料多、香噴噴，吃時脆中有甜的滋味，至今仍非常懷念。

「大夾餅」或稱「砂糖夾餅」，本是潮州的特色小食，又名「冷糕」，是四、五十年代香港的一種懷舊甜食。它的做法簡單，只是把已發酵的麵粉開成糊狀，適量的加些自發粉、少許鹽，拌勻成粉漿，把粉漿倒入一個直徑超過一呎闊，圓形有柄（已經炭火爐燒熱的一面）特製的平底鐵鍋中，再慢慢地把粉漿平均搖勻至各處，然後蓋上另一面鐵鍋蓋，烤焗數分鐘後把餅整「底」起出，就完成一片外脆內軟，中間白色浮現氣泡像鬆糕般煙韌的圓形大餅。攤涼片刻後，把已炒香的芝麻及花生碎、砂糖等餡料，均勻地遍撒在大餅的半邊，然後對摺成半圓形，再平均地把夾餅切成三角形的四大塊，遇有客人光顧，分別裝入紙袋裏賣給顧客。

後期出現的雞蛋仔、格仔餅……其實都是源出於大夾餅的構思，兩者製造方法有點相似，亦非常簡單，只是在原已調校好的粉漿中增添了雞蛋、牛油、淡奶和糖等配料，混合後倒在各款不同形狀的模中烘焗一會便完成，唯一不同的它們是兩面烤焗，不似大夾餅只單一面烘焗後上面放有餡料。粉漿雖說加重了雞蛋的雞蛋仔，熱吃時亦是脆脆的確有濃郁蛋香味，也備受顧客歡迎，不過，以我個人來說，這類小食總覺得像缺乏了一種實質飽肚感覺，細細粒空洞洞的，吃了也等於沒有吃的一樣，與烘焗得厚厚外脆內軟，中央滿載着芝麻花生香味的砂糖大夾餅相比之下，實在相差很遠。

我喜愛的傳統砂糖夾餅，是大大件的，除實用可果腹充饑外，其實咀嚼時口感還真的不錯，尤其是剛撒上砂糖餡料，外層酥脆、內心鬆鬆軟軟、甜蜜蜜、香噴噴還略帶些微熱的時候是最好吃，吃後只覺得滿口酥香，肚子飽飽的，有一種滿足幸福感覺！

在那零食不多的童年時代，偶爾有稱心可口的美食，是極為難得的一件事，回顧昔日街頭的種種懷舊小食，當中滋味自難忘記，就以我們由小吃到大，難登大雅之堂的砂糖大夾餅為例，轉眼間雖或消失於時代巨輪中，但其曾經出現過的地位，承載着的種種集體回憶都不會改變。或許有一天，相隔多年後在街頭偶遇，總覺味不如前，始發現心中留戀着的美食，除了熟悉的味道外，還滿載着昔日的幸福、快樂，那滋味只能在回憶中尋找！

〔三〕各式（無牌）流動小販

二十世紀中，大批的移民和難民湧到香港，由於香港政府早期對小販的態度寬鬆而疏於規管，街道上應運而生的多了不少流動小販，其中除了「民以食為天」以上的「街頭小吃」攤檔外，還有不少以小本經營或具有個人一技之長的小販，為謀求生計而衍生的各行各業，充斥於街頭巷尾。我們回顧香港昔日街頭小販歷史的演變，從沒落的各行業陳蹟中，見證了以往民生概況的一斑。

1

賣雜碎（俗稱餿水），又稱廚餘

「雜碎」顧名思義就是把各種零零碎碎不同的食物滙集在一起的意思，俗稱「餿水」，現今統稱「廚餘」；廚餘初期只是一般家庭或酒樓食用後剩下的食物統稱，後來把壞掉不要的各類蔬菜水果等廢棄物也並列在一起的統稱廚餘。以往這類廢棄物從不浪費，一般的可充當豬隻或禽鳥餵養的飼料，現在食環署說廚餘不合衞生安全標準，未經處理都不能直接的用來餵豬。

匪夷所思，「賣雜碎」在四、五十年代竟然是街市販賣食物中的一門行業，街市內經常見有賣廚餘給人作餸菜的小販。廚餘中的食物其實都是從各酒樓食肆裏每日客人吃後剩餘的餸菜，酒樓員工把廚餘收集後當作「下欄」處理，把較好的餸菜賣給每日來購買廚餘的小販，然後他們再拿去市場轉賣給顧客，只要二三毫錢便可以買得一大碗（自備購物盒），雜碎中常燴有燒肉、雞、鵝、鴨、海鮮……等肉食，吃飯時把它放在熱鍋裏添些水、蔬菜和鹽經大火煮滾後，就是一鍋可媲美「佛跳牆」的送飯佳餚。

昔日「廚餘」竟然也會有人買來進食！可說是聳人聽聞。想當年，那是一個物資短缺、貧困年代，當你有經歷過吃海草或樹葉來果腹充饑，或日中難得有一餐白米飯飽吃的苦難日子，能有機會飽餐更兼有肉食的時候，你就會覺得一點都不出奇。難得的是那時從沒聽說過有人吃後會覺得身體不舒服或發生毛病，由此不得不信「適者生存」的道理，確是至理名言！

隨着人口的不斷增加，人民生活也較前富裕得多，食物豐盛的影響，及現時年輕的一輩，大都嬌奢慣了不知道珍惜食物，往往動不動只吃了少少，就一整碟的倒掉，日積月累，便造成大量廚餘的廢棄物，大大地加重了堆填區的負荷，並衍生嚴重的環保問題。

廚餘可分為生廚餘和熟廚餘兩大類，沒有經過烹煮處理而被棄掉的物料如菜葉、果皮……叫「生廚餘」，另一類材料是已被加工煮熟，並經食用後剩下而被丟棄的叫「熟廚餘」。當中亦有很多蔬果雜食擺放日久未被食用，已變壞而給直接丟掉的廚餘為數亦不少，根據數

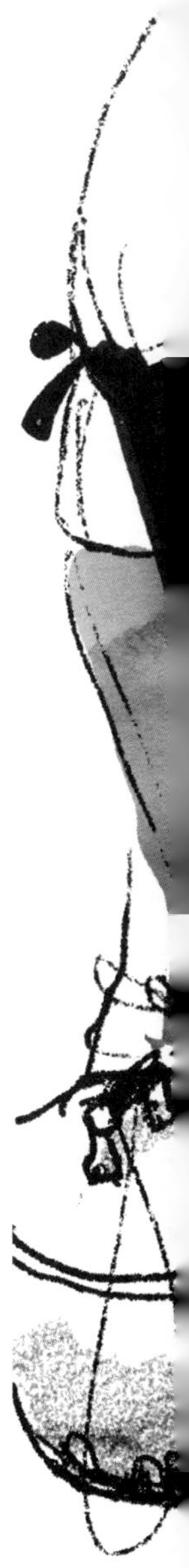

據的統計，香港每日的廚餘約有三千六百公噸，數量之大，確是驚人，可見廚餘處理問題的嚴重性。

據說廚餘分類後經循環再造，便可轉廢為能的再生做堆肥、發電、紡織品顏色染料（利用蔬果獨有的顏色）的多種用途，但鑒於香港農業式微，堆肥需求量不多（用量僅約佔廚餘四分之一），況且香港對廚餘分類處置方面經驗尚淺，未達到再生有效目標，不似挪威首都奧斯陸的全民回收家居廚餘後，可循環再造化解為電能及堆肥。所以，香港的廚餘除供應做堆肥外，何時可提供發電成再生能源，據說政府尚在籌備試驗和計劃中。

部份港人為減少廚餘棄置量，而效法外國把吃剩後的食物「打包」拿回家再吃，不失為一個環保好辦法，但作用卻恍如杯水車薪的未能徹底解決廚餘嚴重問題。剩下大量仍沒辦法轉廢為能、物盡其用可循環再造的廚餘，每日棄置量仍達三千公噸，統統都被送去堆填區成為一大堆垃圾。

問題來了，原有的三個堆填區容量已日趨飽和不能再容納，若想多起一個，誰也不願意自己居所附近再多建一個新的堆填區。看來，昔日賣雜碎行業的消失，今日民生的改善，換來的卻是難於處理的問題，那怎麼辦？相信只能期待政府商討對策後，方可解決這刻不容緩的嚴重問題了。

（編按：台灣食肆中仍可見正逐漸失傳的「什菜」或「菜尾湯」，跟香港昔日之「雜碎」有點接近，不過後者真是由剩菜，混合而成，而前者據考究，則是特地留下辦桌中一些沒有吃過的食物煮成，以酬謝前來協助的鄰居和親友。）

2

磨鉸剪鏟刀

鉸剪、菜刀是家庭中必備的家常用具，衣服要裁剪得好，食物刀工要講究的話，首先必須要有鋒利的刀和剪。所謂「工欲善其事，必先利其器」，利器用得多了，原是很鋒利的鉸剪或利刀，都一定慢慢地會變得鈍，要回復它的鋒利，重獲昔日鋒芒就得光顧街上磨鉸剪鏟刀的專業師傅。

「磨鉸剪鏟刀」源於古代，據說，古代是用銅片做鏡子，銅鏡用久了會生銹，磨鏡匠人最早便是靠磨銅鏡的專門技藝賴以維生，後銅鏡為玻璃鏡替代，他們便轉在街頭以磨鉸剪鏟刀為業，可以說是一門很古老的傳統行業。

記得，故居的街市附近，經常見到有一位頭戴草帽，身穿唐裝衫褲的磨刀師傅經過，他肩膊上托着一張一端較高，另一端較矮，高低不平的長條木櫈，沿街的高叫着「鏟刀磨鉸剪，唔利唔收錢……」。只見矮櫈上端的一角，固定的鑲着一個小鐵架，上面放置了一塊凸出的磨刀石（粗幼二面的磨石），櫈腳旁邊掛着一瓶磨刀用的清水，遇有生意時，即放下木櫈，跨坐在木櫈上隨時隨地都可以工作。

既是磨刀為何又叫鏟刀？由於昔日舊式用的刀多為夾鋼刀，不似現今用的多是不銹鋼倒模刀，夾鋼刀的刀身全被鐵包圍，只露出中央小部份鋼製刀鋒，鋼刀鋒鈍了，磨刀師傅便要用一把約一尺餘長的鐵桿，鐵桿中間伸出一把純鋼製成、刀尖鋒利的刀具，鏟去鈍刀鋒兩邊的鐵屑，鏟完後，先在粗磨石上磨薄，一邊磨一邊淋上清水，然後再移到細磨石上慢慢的磨，不時要細心的檢查刀鋒，直至磨得刀口成一條鋒芒重現的直線，才算大功告成，故當時不叫磨刀而稱鏟刀，看似簡單，實是一門非常考究及訓練有素的工作。

磨鉸剪更需具備精湛的技術，若把剪刀底線磨平、或平面弄彎、或調校剪刀鬆緊不合，不小心的便會把鉸剪整把弄壞。所以鏟刀或是磨鉸剪，是一項技術頗專門的行業。在舊時代，逢年過節，家家戶戶都注重刀具的鋒利，磨刀生意特別好。據說，五、六十年代香港製膠鞋業如日中天時，有些磨刀匠每日都要打磨多把刀及剪，收入較當時一般的工作者多數倍，可惜好景不常，這門技藝現今已屬夕陽行業，根本不可以再靠此為生。

以往這類夾鋼刀如今已不常見，鏟刀技術也逐漸失傳，現今家庭中常用的多是不銹鋼刀，家中亦多自備有磨刀石，刀鋒若用鈍，只需把刀尖的兩邊斜斜地在磨石上稍磨一會，刀鋒即轉鋒利的可再用，無須再找磨刀師傅。至於磨鉸剪，現今已少有人在家自行縫製衣服，鉸剪若弄壞了不能再用，相信亦不會有人找師傅來修理了，他們寧願買一把新的鉸剪來替代。如今香港街頭，或許仍有少數磨刀師傅在幹活，但大多已是年近古稀，後繼無人承傳下，此門古老行業正陸續消逝而漸被淘汰。

3

收買爛銅爛鐵與上門收買佬

俗稱的「收買佬」，現今被稱為環保的「收買者」，原屬小型的廢物回收商，工作性質與今日垃圾收集員的收集垃圾不同，垃圾收集員是屬於政府衛生局的清潔員工，收買佬卻是街頭營業的個體戶，他以極其低廉的價錢收購（回收）客戶認為沒有用或不要的廢棄物，物品經修理後能再用的，拿去二手市場出售，或拆解可循環再用的零件，而轉售給其他回收商人來賺取較高利潤，堪稱環保工業首站的商人。

記憶中，昔日街頭經常都會見到有一位頭戴竹笠帽，肩膊上挑着兩個大竹籮，手上打着鐵板「啲啲得得」響的收買佬在樓下經過，沿街高喊：「收買爛銅爛鐵、舊缸瓦……」總之所有被收買的物品，如當舖中的當票一般，都會被冠上「爛或舊」的字眼來形容，目的是壓低物品價值，基本上合用的物件，他都會用低賤價錢來回收，賣家也樂得他拿走阻塞空間的廢棄物。

收買佬經常也會上門到各層住宅去叫買（那

時的樓宇只有三四層高），這的確是方便樓上住戶進行交易的好辦法。孩子們最高興聽到的，是收買佬伯伯上門敲打着鐵板「啲啲得得」的響聲，他們又可以用儲存起來的兩個牛奶空鐵罐，換取麥芽糖夾梳打餅乾來吃了。

聽說這一行業，時有幸運的收買者，遇有客人的長者在家中病逝，年青的一輩，不知家中留下殘破物品，原是家傳之寶，每誤以為廢棄物的賤價賣給收買佬，例如平價賤賣殘舊的古董、名家字畫……等，正因如此，出現一朝發達令人羨慕的幸運收買者。常聽到有這類意外收穫的傳說，其實他們的收入僅是一般而已，發達的故事固然時有所聞，實際難得一見，正如時見有中彩票發達的人一樣。至於收買佬發達的傳聞，是否屬實，信不信由你。

現在，香港的社會經濟比前富裕多了，沿街叫買或上門收買的舊式行業已漸式微或消失，再不復聽到街上收買「爛銅爛鐵」的收買佬叫喊聲。代之而起，反而是以電話聯絡「收買者」上門回收的新一派，他們通常有固定的營運貨倉或店面營業，與以往傳統的收買佬不一樣，前者是沿街叫買或於住宅區巡邏回購，而後者是靜待客戶自己找上門來尋求服務。

唯一相同的，收買者仍是用極其低廉價錢，向出售者收購他們棄置不用的物品，收買的貨品較趨向高檔化，例如：舊電視機、電腦、舊傢俬或金屬器材……等。至於仍屬新淨的傢俬雜物，經修理後仍可再用的，也會推出二手市場出售，或是拆解了有用的零件，用於維修其他物品或轉售；至於舊手機，則有固定專門店收購。

時代的不同，今時今日有方便的通訊網絡，貴價或獨特又保存良好的舊物品，都可以自行在網上善價而沽，價值高的古董或名家字畫、藝術品……等，更可以委託專人在拍賣市場上高價沽售。昔日這門古老「收買佬」的行業，再無幸運的遇到「漏網之魚」，發達之夢也隨之消失了！

從不同「收買」行業發展過程中，無論在環保或物件的經濟價值觀的角度來看，收買行業始終具有一定的存在價值，當中變遷，除可窺探整個社會面貌的多番蛻變，更是見證民生進入電子化時代的一大進步。

4 賣衣裳竹

梅、蘭、菊、竹，喻稱「花中四君子」，尤以竹之中通外直，勁節不屈、虛心有節謙遜的胸懷、蕭疏搖動的超群脫俗，竹枝竿的挺拔修長，四季青翠的凌霜傲雨，在清風中竹葉簌簌的聲音，月色下疏朗的影子，無懼風霜的品格，倍讓詩人墨客、隱逸君子推崇備至的引為同道，故古之文人，愛竹誦竹者眾多，中國文人雅士每喜在居所旁種植竹子。宋代詩人蘇東坡說：「寧可食無肉，不可居無竹，無肉令人瘦，無竹令人俗，人瘦尚可肥，士俗不可醫」，全道出愛竹者心聲，被譽為千古佳句的傳誦一時。

竹子是一種多年生的禾本科木質常綠植物，是世界上生長速度最快的植物，原因在於枝幹分節，每節皆可萌芽成分枝，地下根莖亦復如此的各節生芽，芽沿着地下橫走的穿過泥土萌發成竹枝，易於種植，生長得非常茂盛，與其他植物只是頂端分生的不同。

記得，童年時街道上常見有一賣長竹子的小販在樓下經過，他肩膀上挑着一綑長長的晾衫竹，沿着馬路旁，邊行邊走的高喊：「賣衣裳竹……」，此用來晾衫的長竹竿，以往確是家居中必備的晾衫工具。時移世易，時代進步，晾衫竹已近無用武之地，街上也再不見有賣衣裳竹小販的蹤影。其實，就是當日，我也每思不明，通常買了衣裳竹的人客，若不是竹竿折斷或破裂得不能再用，是不會經常購買，由此可見昔日光顧街上賣衣裳竹的顧客實寥寥可數，生意如此淡薄，他怎能維持生計？

又回憶起以前的樓宇層數少，樓梯窄，無論新建房屋、修理外牆，或要運送大型物件出外（例如運送棺木……），都會在屋外搭起竹棚架應用，所以若問及竹的用途，我想，一般人腦海中定必浮現出晾衫架上一枝枝的晾衫竹，或樓宇旁豎起的一座座竹搭棚架。其實竹的用途極為廣泛，由古至今，並不只限於建築物的竹竿

搭棚或衣裳竹晾衫之用。

想到的，有從竹根泥土旁掘出的竹筍（古稱竹胎）可供食用外，有古時尚無紙張而用作書寫的竹書，即古人把文字書寫於竹帛上，編綴成冊的竹簡書；一般的更可編織成頭上戴的竹笠、遮蔽陽光掛在窗前的竹簾、家中常用的竹蓆、睡枕……，廚房用的竹籮、竹製筲箕……等，至於沒有用的枯竹，更可用做煮食的燃燒物料。

古時還有用竹子製成的乘坐工具竹兜（竹轎）、船伕撐船出海用的撐船竹……，試摘錄當年一猜謎遊戲：「想當初，綠蔭婆娑，自歸郎手，綠少黃多，歷盡了風波，受盡了折磨，唉！休提起！提起時淚滴滿江河！」謎語中分享撐船竹的際遇，多擬人化的描寫，形神兼備的令人聞之感動！見證了昔日用竹子撐船的普遍現象。

時代的進步，上述種種，除竹筍尚為今人喜作食物外，部份的，例如竹簡書、竹搭棚架、竹兜、撐船竹……不合時宜的多已消失。儘管如此，由於竹的製成品清雅素樸，大方而輕盈，家中擺設亦極得人喜愛，故各大小的竹製成品在坊間也常見。由於竹子生長快，取材容易，維持自然生態，在資源不缺的環境下，竹製的日常用品、傢具遂應運而生的大量製造。據說竹子還可以用作製紙原料、毛筆的筆桿、竹筒飯的竹筒、醫療器材用的竹筒拔罐、竹籬笆、掃帚……等。高雅的更是製作樂器的上佳材料，如笙、簫、笛……等，或精巧細緻的竹製工藝品。

竹的製成品，簡而言之，可說雅俗共賞，無論是樸拙的家庭用品，或是文人雅士稱心的樂器、精緻的工藝品……，它都是屹立存於每一個家庭角落裏。正儼如花中君子之勁節不屈風貌，節中萌芽生長的人格，雖歷經時代洗禮及改變，仍昂然不懼的挺立於時代巨輪中。

5 賣馬票

常言：「人無橫財不富，馬無夜草不肥。」驟然聽到，倒有些像鼓勵世人不務正業，在冀求天降橫財的不切實際話。當然，傷人利己而得到的不義之財確不可取，在當日窮人「工字不出頭，出頭便入土」的消極思想下，總希望自己能夠有一朝飛黃騰達！買馬票期望中獎，就是他們「刀仔鋸大樹」自認為積極的好辦法，是唯一可圓他們發達之路的捷徑，不必傷人而又能利己，可一朝發達的美夢！

馬票——是結合賽馬和攪珠結果的一種彩票遊戲，十九世紀時，香港賽馬活動只是上流社會的玩意，剛剛開始賽馬時，相信是沒有馬票這回事，直至一九二七年的香港「打吡大賽」決賽後，馬票才開始推出，令賽馬這玩意瞬間即由上流活動變成中產階級的玩意，隨後更慢慢地遍及香港的每一個角落。

馬票是馬季大馬票和小搖彩的統稱。馬季大馬票分別在「廣東讓賽」、「皮亞士盃」、「打吡大賽」和「董事盃」等重大比賽場次上演時才會發售，份屬指定場次，換言之，一年只會在春季、夏季和秋季開售三次；後增為四次，累積獎金甚多。

每月在賽馬期間，開獎一次的叫小搖彩，二者模式相近，都是先以攪珠方式產生入圍號碼，再以某一場指定賽事的賽果決定中彩馬票。為增加中獎率，分頭二三獎及數十個安慰獎，獎金依次遞減，以頭獎的獎金最多。

最初發售馬票的地方，只有彌敦道的馬會，每本十張，每張二元，很多買票者會把相連號碼十張的整本購入，亦可以單張購買。不過購買者往往要遠道而來才可買到，可說並不方便，故銷售情況仍不十分普遍。有見及此，部份人士便以少許本錢，每日從馬會發售處直接購入馬票，再沿街轉賣給各處的市民，賺些微利當起小販銷售，甚至連鄰埠澳門小販也效法這方法在當地販賣，此舉確是方便了不少想一朝發達的發橫財夢者。

記得在五、六十年代，街頭巷尾或茶樓餐館，常見有手持圓形如晾衫竹桿的小販，到處專門銷售香港馬會的大馬票或政府彩票，通常叫賣者多數是老人或小童，他們拿着竹桿垂掛着一行行的彩票沿途向路人、或向在座茗茶的食客兜售，每一張賣二元二角，減去二元的本錢，每一張就可淨賺二角，一般市民如想順手發財，又不用自己專程去馬會購買，往往就隨心所欲的揀擇自己喜好的號碼來選購，故賣馬票小販的收入也尚算不錯。「中馬票」一詞，也是當日形容別人突然暴富的流行用語。

據說，中頭獎大馬票的幸運兒，彩金往往有數十萬或一百萬，時光倒流的回到六十年代，那時有一百萬已被稱為「百萬富翁」，近二千呎的豪宅相信也可購買多間。在營營役役娛樂欠奉的年頭，這小本博大利的博彩遊戲，足可以讓人一夜變富翁，也難怪有那麼多人嚮往的趨之若鶩。

第二次世界大戰，香港賽馬活動曾經一度中斷，於一九四七年重開，到一九七六年七月，馬會開始舉辦六合彩。六合彩純屬攪珠方式的玩意，賽馬比賽卻是在賽馬現場的博彩遊戲。一九七七年五月香港賽馬會自「皮亞士盃」賽後，終止了發售馬票。其後，馬會為慶祝世界千禧年於二〇〇〇年一月一日凌晨重新舉行首場「慈善千禧盃」，再次發售大馬票；又於二〇〇九年十一月十五日，為慶祝香港賽馬會成立一百二十五週年，復舉辦「香港賽馬會一百二十五週年盃」的紀念馬票又再度發售。

今天，馬票博彩，取而代之，除現今盛行的六合彩外，更有許多五花八門的博彩遊戲紛紛湧現。不過，對博彩的事，切不可過份沉迷，正如賭王何鴻燊先生說：「小賭可以怡情，大賭足以亂性！」那是對的，若用少許金錢就能買得一個夢想，無傷大雅的那又何妨？香港人集體回憶中，「馬票」確實是一個印證時代變遷的產物。

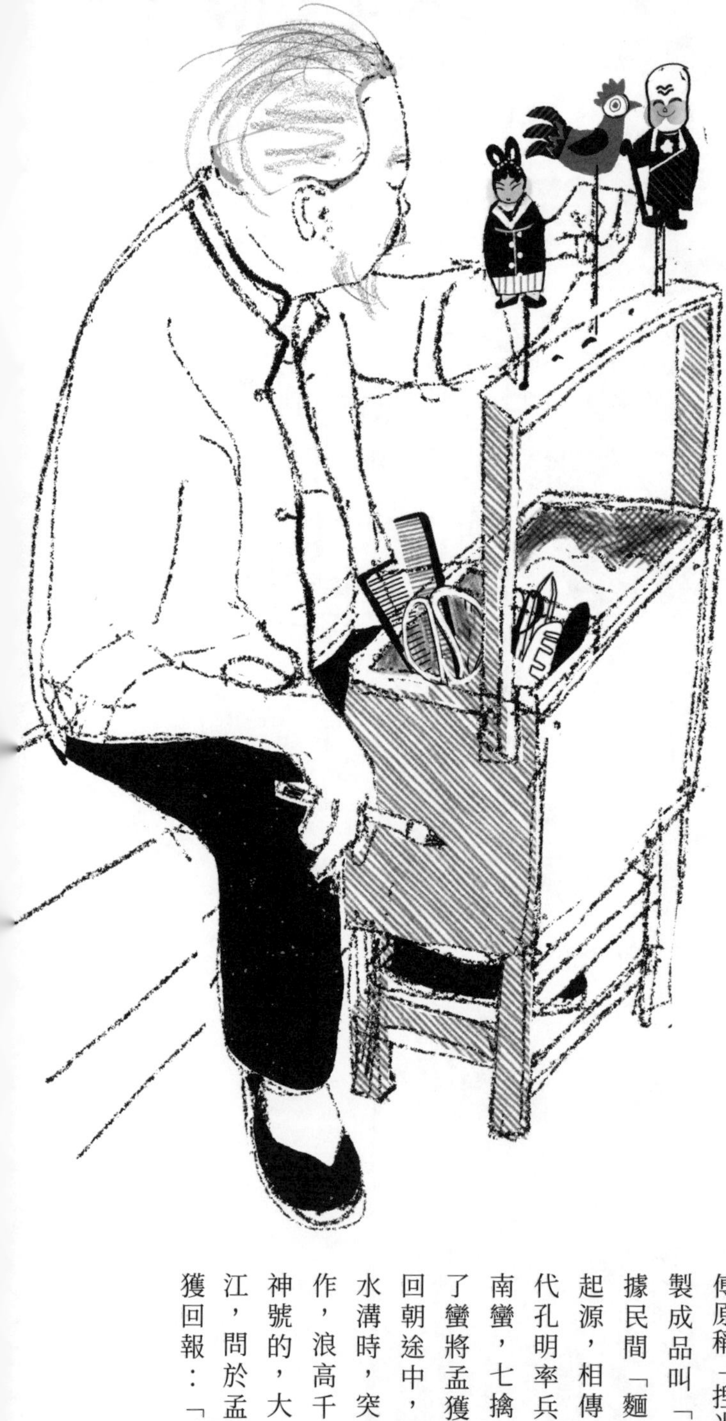

6 捏麵粉公仔的藝人

麵粉公仔是上世紀五十年代盛行一時的孩童玩具，當年街頭巷尾隨處可見有捏麵粉公仔的師傅在街上擺檔，相信在那個時代的兒童都曾經見過，或是擁有過的古老玩具。

捏麵粉公仔的師傅原稱「捏米江人」，製成品叫「麵塑」，據民間「麵塑」歷史起源，相傳於三國時代孔明率兵渡江攻打南蠻，七擒七縱臣服了蠻將孟獲，在班師回朝途中，軍隊經瀘水溝時，突然狂風大作，浪高千尺，鬼哭神號的，大軍無法渡江，問於孟獲，據孟獲回報：「昔日有兩軍交戰，戰亡將卒，無法返回故鄉與親人團聚，心生怨氣，故在此江上興風作浪，阻礙他人行程，據稱用人頭四十九顆，祭於江上，風浪自會平息。」

孔明雖不以為然，蓋有鬼神亂說的話毫不足怪，也就順其意思的改以糯米糰為皮，黑牛白馬之肉為餡，塑造人頭之像，投於江上，灑酒祭祀畢，江水即告平靜，萬里無雲，大軍果然得以順利渡江。故捏麵人又稱捏米江人，後更有人稱孔明為捏麵人的祖師。其實事屬巧合，本不足以置信，僅作穿鑿附會之談而已，然而不失為一個頗有趣味性的傳說。

麵粉公仔稱「麵塑」，又稱「麵人」，是一種古代傳統的民間藝術。記得五十年代，街頭巷尾常見有一位捏麵人，抬着一個小木箱子在街上擺檔，木箱上插滿了一枝枝串着各種麵塑的小竹枝。麵塑的師傅將五顏六色的粉糰仔細搓捏，左搓搓、右捏捏的，只需一會便捏造出種種不同類型，生動、傳神、精巧、細緻的古代美女、英雄人物的麵塑公仔、十二生肖、或栩栩如生的各種花鳥蟲魚麵塑動物。這些都是小童喜愛的恩物，顧客也會駐足停步觀看他即場捏製的表演。售賣價錢一毫至三毫不等，看製作工序難易而定價，以當時來說，售價絕不算便宜。

「麵塑」並不局限於只是塑造兒童的玩具，廣泛的更可用作廟會祭神、婚葬嫁娶、壽日誕辰、節日慶典、及與相互交換吉祥禮物……的民間風俗物品。於二〇〇八年，這項集結民間智慧結晶的手工藝，終被中國國務院列為第二批國家級非物質文化遺產名錄。

隨着民生的日趨富裕，市民生活質素提高，兒童玩具多不勝數，若是喜歡黏土陶泥雕塑的，他們會買一些彩色的手工黏土，自行搓捏出自己喜愛的時代玩意。所以，儘管是昔日盛極一時或已列入國家級文化遺產的麵塑傳統技藝，由於社會就業增多，年輕人不願承傳此手藝，原來擅長做麵塑的師傅也改行放棄，使得此傳統技藝日漸消失，今時今日尚在坊間流傳的相信已屬碩果僅存的日比日少，麵粉公仔的傳統行業勢將瀕臨失傳了。

7 竹編織的街頭藝術家

竹子是一種多年生的禾本科木質常綠植物，也是世界上生長得速度最快的植物。以竹子為主要材料編織成的物品叫「竹編」，竹編多以經緯編織法為基礎，編織成的各種家常用品，我在〈賣衣裳竹〉篇中已有詳細敘述。除此之外，竹編工藝品，實是中國民間傳統的手工藝之一，是綜合前人智慧與精湛技藝的表表者。

中國人的聰明睿智眾所周知，其中有不少民間藝術創作者，他們手上拿着的無論是一塊石頭或一片木板、一條鐵線、一條繩子、一張紙、幾團粉糰，或一些竹篾，都可以隨意地憑想像用雕刻、塑造、編織……的方法，製造出各種形態、色彩繽紛、栩栩如生的圖案、人物、動物、文字及花卉……，例如，常見的石雕圖章或木雕刻像、中國繩結、銅線扭塑、各式剪紙、麵粉公仔，及各種竹編織的工藝品，處處都顯示出濃厚的民間街頭藝人智慧。

不過，當中有不少工藝品，例如鐵線放久了的易生銹、剪紙一經用過後即要棄丟，或如上文說的麵粉公仔，也是放置數日即會自動破裂而被報銷。如此美觀但不耐用的工藝品，實有美中不足的地方，也教人惋惜！若論及可保持環保、實用、樸實、雅典、精美，最能體現工藝創作的獨特性，又可以長久保存，且與文化息息相關的，我認為非竹編織的工藝品莫屬。

竹編織的製成品很多，童年時有在鄉間睡覺用的竹簾、竹枕頭、飯枱、竹櫈、母親曬穀物用的竹篩、買菜用的竹籃子、刷鍋用的擦帚、掃地用的竹掃帚……等。家中每一個角落，見到的都是竹編的製成品，聞到的是附近竹林中散發出來清新的陣陣竹香味。

竹編除了上述實用物品外，坊間見到的還有不少精巧細緻的手工藝。記得，五十年代，香港光復後，街上經常見到有一叫賣「竹織鴨」的小販在橫街窄巷出現，他用竹篾把編織好的各種竹編織動物，例如：雀鳥、蜻蜓、蝴蝶、毛蟲、魚、蝦、雞、鴨、馬……等，插在一個小木箱上沿途擺賣，動物的精巧可愛、栩栩如生神態，倒也吸引到不少兒童和途人駐足觀賞。小販為易於叫喊，只簡叫「竹織鴨」（後人套用竹織鴨一詞，喻人做事的粗心大意「冇心肝」）而已。可是，不要小覷這小小的一件竹編工藝品，它背後製造的過程其實是相當繁複，竹編者完成的每一件心血結晶品，實在不簡單。

據一位竹編老師傅簡述竹編工藝的基本製造流程，約有下列五個步驟：

一，選擇適用的竹材：最好是三至五年的竹子，太嫩水份含量大竹篾不緊實，太老的竹子纖維老化易折斷；竹材的選擇會直接影響到竹編的品質。

二，裁截和刮青：竹材經嚴格挑選後，再根據所編器物實際創作需求，把砍回的整根竹材進行適合的裁截和刮青的處理，裁截是把竹子裁成合適的一段段，刮青是把竹表面的一層青色刮掉，露出第一層竹篾原來的本色。

三，破竹篾：竹篾的好壞直接影響到成品的優劣，是很關鍵的一步，所謂「篾難破，編好做」，要有好的竹篾，破竹篾一般是老師傅操刀完成。

四，編織：有好的竹材，好的竹篾，再加上熟練的手藝，細緻的心，平和耐煩的態度，慢工出細貨，一款款實用及精緻的器物就編織出來。

五，紮邊：竹器編織到最後，開口處還要進行紮邊，紮邊後器形就可以固定，而開口處也會顯得光滑，可以增強竹編物品的耐用性。

由此可知，竹編工藝完成的整體過程：實包括砍、鋸、切、剖、拉、撬、編、織、紮、磨等工序。從鋸成竹節，剖成篾片，細分竹絲（竹編工藝品，分為細絲、粗絲的兩種），到後期完成竹編工藝品後，還要去毛刺、防霉防蟲，經過一連串的工序，一件竹編的製成品，方算大功告成。

竹編作品小至桌面擺設、大到造景用的裝飾，或用竹篾編織成的竹編畫（苗族竹編畫）……，當中精湛編織技藝，在製作過程中，全憑雙手和一把篾刀進行手工編織。硬梆梆而挺直的竹篾，竟能編織得如此精巧細緻、典雅秀麗、栩栩如生，令人愛不釋手的美術工藝品，不得不佩服竹編工藝者的聰明和智慧，驚訝於藝術家的巧奪天工。在二〇〇八年六月七日，竹編手工藝經中國國務院批准，終於被列入第二批國家級非物質文化遺產名錄。

然而，竹編者以竹編技藝謀取生計確不容易，在經濟立場及高新科技產業衝擊的影響下，據知，除台灣東陽竹編尚有一批藝人力作支撐外，現今香港年輕一輩的幾乎無人肯學，看來，此竹編民間傳統技藝，在後繼乏人、無力支撐的情況下，無可奈何的亦將面臨失傳！

8

打小人

「打小人」是香港、廣東廣泛流行的一種民間習俗。我們若經過天橋底、三岔路口，或陰暗的地方，很多時都會見到有「打小人」這些場景出現。打「小人」的除了一小撮是自己替自己打之外，多是請一些上了年紀的老婦人來代勞，她們的職責，是收取酬金專職替客人打小人的「職業打手」，或稱「神婆」，是香港街頭道地文化生活中的另類行業。

「小人」泛指那些喜歡挑撥離間、惹是生非的人，或是象徵無故惹來是非或惡運的代用詞。事主若經常感到事事不順利，例如升職加薪的落空、做事不順、愛情姻緣不就……，甚至頭頭碰着黑，認為自己可能是命犯小人有霉氣，或認定某人是他命中的剋星，為免小人纏身，自己又不方便出手，遂通過這些「職業打手」用打小人的儀式，擊退心目中的所謂小人，祈求消災解困，化險為夷的把「霉運」統統帶走。說來確是匪夷所思，亦無從稽考，其實若只作為一種洩憤、釋懷及冀望轉運的一個象徵式渠道來看亦無不可。

據說，每年農曆二十四節氣中的「驚蟄」，是最適合打小人的日子。「蟄」是指潛伏於地下冬眠的蛇蟲鼠蟻，春季一到，萬物開始活動，冬眠中的生物昆蟲也甦醒了。「驚蟄」通常是在每年的三月五號或六號，時刻為春季，春季是東方八卦中的震，震屬雷卦，在《月令七十二候集解》中「萬物出乎震」的解釋，春雷一響，萬物驚醒，故這一天稱為「驚蟄」，而「驚蟄」這天是被視為進行打小人的最佳時刻（比喻小人為蛇蟲鼠蟻）。

香港區銅鑼灣與灣仔之間鵝頸橋的行車天橋底，每到「驚蟄」那天，都有不少人前往當地的土地廟進行打小人活動，面對「三煞位」的三岔路口，人頭湧湧的非常熱鬧，是打小人最佳的地點。該處成為「職業打手」的熱門聖地，聽說也是外地遊客聞風而至，到香港旅遊

的其中一個景點。

「神婆」打小人時，首先在土地廟前燃點香燭、擺出數張木椅，請事主坐在一旁，圍成一個小小的攤子，然後取出一套祭小人的衣紙，如客人已有目標的小人，就按其性別在男或女小人的剪紙上，填上對方的姓名及生辰八字，上香向神明稟告，把白虎剪紙，壓在香案前，手拿着舊鞋屐，不停地拍打地磚上的紙小人，一邊打，一邊詛咒些無厘頭打小人的口訣，例如：「打你個小人頭，打到你有氣冇地抖；打你隻小人腳，打到你有腳冇鞋着；打你個小人口，打到你食嘢都會嘔；打你個小人鼻，打到你開口夾着脷……」，咒罵小人的語句，並無固定的字眼，全是順口而唸。打完小人後，用紙剪刀放在小紙人的口舌上，意思剪其舌頭，令它不能再搬弄是非……。最後完成祈福化寶儀式後，用百解衣（衣紙的一種）向事主掃遍全身，喻意把一切不吉的霉運一一掃清，打小人的儀式便告完成。

據說打「小人」的「職業打手」，每個可收取費用五十元。這種近乎巫術「打小人」的行為，以往本是鄉間無知婦孺對某人不滿的洩憤動作，雖不是存心詛咒和害人，也是一種導人迷信、意識上亦有傷人的念頭，並不可取！匪夷所思，料想不到以香港發展迅速的現今新科技年代，這種迷信傳統打小人習俗，卻可流傳至今，除了有本地客人參與外，竟然還招徠了不少內地及外來遊客的光顧，參與打小人的熱門活動。

「神婆」一職的行業，除了如以往的有老婦人充當外，近年更

多了一批年輕的婦女加入參與，「職業打手」已漸趨年輕化。考其原因，其一，當是操此行業者不須有獨特技能訓練的易於操作；其二，遠道聞風而來體驗打小人的事主，相信除了具有好奇心外，料想與舒解鬱結情緒的壓力有關。現代人生活壓力大，每感事事不如意，或時遇阻滯的給上司責罵與留難，把怨懟積壓憤怒不安心情，冀望藉此得以釋放，亦於此可見。

9 擦鞋仔

擦鞋本是一種街頭服務行業，今普遍引申指為討好奉承他人的意思；「擦鞋仔」一詞，已不單指操作擦鞋行業的人，亦是諷刺人為想討好奉承上司而說好話，「托大腳」、「拍馬屁」……的代用詞，目的是希望透過這種方法，謀取個人利益的人，是一個給人輕視的貶詞。不但如此，凡是通過這種奉承討好行為而得到他人關照，例如事業發展、升官發財、生意順利……等等，總之憑此得到着數好處的人，都被叫「擦鞋仔」。

其實，被視為擦鞋仔的人並不一定是壞人，料想一定是位口才了得的聰明者，無可否認給人說好聽的話，人際關係一定會易於溝通，再憑着天賦伶俐口才的本錢，只要不傷及他人，在討得別人開心之餘，加速達到自己要求的目的，這種既不是損人而又可利己的行為，其實並無不當，亦合情合理。

用此尖酸刻薄的名詞來形容他們的人，或許是「吃不到的葡萄是酸的」妒忌心理作用；又或者是對那人早已存有偏見，認為他有今天的成就，只是向人卑躬屈膝，出賣自己尊嚴換取回來，而自己是不齒苟同。更喻意他們的人格恍如舊時代從事擦鞋行業的擦鞋仔，平日只知俯首看着客人的腳而抬不起頭來，所以暗諷他們「托大腳」、「擦鞋仔」……。

回溯擦鞋仔的職業，實開始於一九二〇年代，據悉一九二七年警察處長曾收容部份流浪兒童，晚上往警察學堂讀書，日間則於華人行戲院里一帶，替中外人士擦鞋，每日所得工資約二元，除支伙食費二毫外，餘數全由警察代為儲蓄，後鞋童們因不滿警員代收其儲款因而逃去。

記得，香港在五十至六十年代，二次大戰後，當年社會大部份人普遍是貧苦的一群，父母都要外出工作，那時還沒有九年免費教育，很多兒童無錢入學校讀書，

KIWI

女孩子多留在家中看管弟妹做家務，男孩子有些做違法童工、或做學徒、或做撿拾廢金屬的拾荒者，亦有些做擦鞋仔，其實他們都是一些十分乖巧聽話的好孩子，年紀輕輕，卻是賺取工資幫補家中生計的一分子。

以往普羅大眾，穿的多是布鞋（甚至赤腳），穿皮鞋的人甚少，有的大都是在高級機構做事的人，和較富有人家，物以罕為貴，對皮鞋的保養自然較為注重。而這些穿皮鞋的人，往往就成為這群擦鞋童的追逐對象。

幹此擦鞋行業的多是小童，原因擦鞋時要卑躬屈膝，自尊心重的大人，一般都不願意做此卑賤、收入又微薄的工作。因而不論在酒店、茶樓、西餐廳附近，凡是穿着皮鞋人多的地方，都會看到一群群肩膊搭着毛巾，替人擦鞋的街童，手拿着一個踏腳用的小木箱子，箱子內放有二盒不同顏色鞋油、鞋蠟、鞋刷、海綿，及一塊打蠟用的擦鞋布，沿街叫喊着「擦鞋……」，遇有客人光顧，立即放下箱子，讓客人連鞋帶腳的踏上鞋箱上，小心翼翼的先把鞋抹擦乾淨，塗上鞋蠟，然後用擦鞋布「噼噼啪啪」大力的摩擦鞋面，不一會鞋面就會回復光亮如新的樣子。擦鞋費用每位只收兩毫，所以客人也樂意的停下腳步來光顧他們，遇有闊綽的人客還會慷慨地另給小費。

隨着香港經濟漸漸的改善，七十年代，兒童入學機會大增，而集中在中區繁盛小巷中的擦鞋工作者，大都是領有牌照，是政府特許的一群自食其力的身體殘疾的人士，街上擦鞋童相對的也減少了。

數十年後的今天，穿着皮鞋的人士極之普遍，擦皮鞋的工作亦多是自己去做，日常生活中他們反喜歡穿着舒適的運動鞋。今時今日，有學問的人多了，不會再在街上做擦鞋的工作，昔日被社會認為最低下層的擦鞋行業，亦恍如大時代的過客，漸漸地消失，街道上再也沒有擦鞋仔的出現，有的只是被視為善於阿諛奉承、討好他人的另類「擦鞋仔」。

10

街頭賣藥與賣武表演

香港在一八四一年開埠後，已有不少攤販在街道上擺檔，販賣的除各類食物及應用物品外，還有占卜星相的術士、行醫的江湖郎中，與及沿街賣藥和街頭賣武、跌打醫館中的賣藥者。

追溯街頭賣藥者，最早見於東漢，據《後漢書．費長房傳》中有這樣的記載：「市中有老翁賣藥，懸一壺於肆頭，及市罷，輒跳入壺中。」在古代壺是裝中藥，葫蘆是裝藥丸或藥散。費長房是位懂醫術的術士，這裏記載的便是費長房在街頭所見，一賣藥的老人在街市上懸掛一藥壺，休市後竟跑到壺裏面休息，後被神化的喻老者為賣靈藥仙人，「懸壺濟世」一詞由此得來。因而門前懸掛大葫蘆模型的店舖，一望而知是中藥材店舖的古老宣傳標誌。

古時沒有賣廣告宣傳這回事，街頭流動賣物者常藉助「聲響廣告」來吸引人群注意，例如：搖動串鈴、鐵板敲擊、音樂聲響……等，除此之外，還有多種展示本身技藝的表演者，目的是吸引和刺激路上客人注意。在四、五十年代，街頭賣藥最常見的宣傳手法，是猴子玩雜耍和武術表演，通過這些獨特表演方法，吸引人群觀看，然後達到賣藥的目的。

常見一位身穿唐裝衫褲賣藥的男人在路上走動，他肩上斜掛着一個滿載着藥膏和藥丸的藥箱子，左手拿着一面銅鑼，另一隻手拖着一隻走起路來蹦蹦跳、精靈活潑可愛的小猴子，當行到市集人多的地方便停下，把藥箱放在地上，開始敲打着響鑼，不久，四周便圍繞着一大群路人駐足觀看；賣藥者向群衆打過招呼後，便有節奏地敲響着銅鑼，猴子便跟隨着銅鑼聲演繹着各種動作。賣藥者一邊以猴子玩耍遊戲來招徠顧客，另一邊落力地推銷他箱子裏賣的藥，猴子維肖維妙趣致的演技，倒也吸引到不少客人來光顧買藥。

另一邊廂最熱鬧的，是武術館中師傅在街頭耍技藝的賣武表演，他們是一群身體強壯舞刀弄棒的江湖賣藥者，擺檔時首先在檔口旁邊插上他們武館名號的旗幟，再用一個盤子盛載着十數片膏藥擺放在地下，歡迎有病患的圍觀者試用，跟着便開始當場表演。表演時配合着銅鎚、斧頭、刀、劍、板櫈等各式奇門兵器。有人打拳、有人持武器互打，有人表演心口碎大石……，當表演得最精彩緊張時，往往會暫時停止表演，拿出藥膏藥散向觀眾兜售。通過賣藝表演來賣藥，及透過免費使用的方式來吸引患者，是那時推銷宣傳藥品的慣見手法，除有效的銷售藥物外，往往也得到圍觀者的不少打賞。

時移世易，現今世界醫術的精湛，科技的進步，香港中、西藥行的到處遍佈，街上已不再容納得這群跑江湖的賣藝者，況且病者信任的是已註冊醫藥；中醫方面必須要修讀過中醫課程的註冊醫師，才可在中藥店長駐診治，醫院醫療方面，更清楚的把病人分門別類交給各專科醫生個別醫治。以往街上的賣武表演，今天已成為街頭歷史文化遺蹟。若要重睹此消失風貌，得在政府資助鼓勵和推動下，另闢表演場所，把過去的街頭娛樂，參與藝術文化表演活動，透過舞台上的演出，重睹昔日失傳了的民間技藝。

11 閹雞佬

人所共知，公雞的本性是暴戾、自大好勝、好勇鬥狠、活動能力強，小公雞長大後，佔有慾更非常強勁而富有攻擊性。當兩雄雞相遇，就算是親如父子，也不能一山藏二虎的雙雄並立，為爭奪地盤，霸佔群雌雞，奪得屬自己的勝利品，不惜一戰的拼個你死我活，定要有一方鬥敗被驅逐才會停止。勝出的多是年輕力壯的公鷄，鬥敗的老公雞每每被啄得傷痕纍纍，體無完膚血跡斑斑怪可憐的落荒而逃，名副其實真是一隻「鬥敗的老公鷄」！

四、五十年代，新界元朗、沙田鄉鎮一帶，過的仍是農村生活，農民除務農耕種外，都喜歡在自己住所附近圍築雞場養雞隻，養大的雞隻除小部份供自用外，大多數是新年時拿到市鎮上販賣。母雞生下的雞蛋，多數把它孵出的小雞放在雞場裏慢慢養殖成長，在一群群的小雞雞當中，同時亦會有不少小公雞的出現。

小公鷄從小便特別活躍好動，正因如此，往往把餵養的飼料很快便消耗掉，故成長得較慢，雞農考慮到養雞成本重，兼且大公雞肉質偏差，賣得不值錢，加上小公雞長大後的好戰本性難以控制，為要將其體質改善及易於管理，故僅保留少許的小公雞用作繁殖，其他的統統用人工的方法把小公雞閹割成「太監鷄」，而負責閹割做此手術的大叔，我們叫他「閹雞佬」。

「閹雞」是一門古老行業，作為一個職業的「閹雞人」，操作技術也如一些中國的傳統手工藝一樣，是要拜師學藝，通過師傅傳授及自己苦練一段日子後，才能成為一位技術出色的閹雞師傅。「閹雞佬」經常活躍於農村或鄉鎮市集一帶，沿街叫喊「閹雞……」，方便替農戶閹割小公雞。

小公雞飼養約滿四至五星期，體格漸強壯，據說那時是最適合做此閹割手術。閹雞師傅工作時只需隨身攜帶一把鋒利的小刀，及一些合用的小物品（抽線器及一些消炎藥物），着重的是他的手術一流，手法乾淨利落絕不拖泥帶水，為了防止小公雞會掙扎，首先把小公雞的翅膀和雙腿交叉平按在枱上，迅速的拔除雞腋下部份之雞毛，塗抹些麻醉藥，然後用手輕摸出第二肋骨的位置，用刀劃下小小的割口，接着用容器把割口上下撐開，再用抽線器深入腹內，套住睾丸用力抽拉，睾丸便利落的脫出體外，隨後餵以消炎藥，全程只須數分鐘的時間便閹割完畢，幾天後，這小公雞又活潑如常地走動。這樣做，說來雖有些不合動物生長常規，似違人道，但比諸日後小公雞長大後爭地盤、同室操戈、父子兄弟互相殘殺，弄到血肉模糊、慘不忍睹，相對而言便覺微不足道，何況營商本以利字當頭，也怪不得雞農如此。

「閹雞」俗稱線雞、熟鷄、獻雞、太監鷄……，直接的說就是通過外科手術摘除了雄性睾丸被閹掉的公雞。小公雞經過閹割之後，雄性機能盡消失，性格變得溫馴，甚至可以代替母雞照顧小雞；活動量小，熱能消耗也減少，使體內脂肪大量累積，故成長得特別迅速，體型壯碩，重量常是普通雞的倍數。外形雞冠萎縮變淡紅、毛色為金黃、腳短、喙小、脖子短、尾毛長、皮薄色黃，肉質鮮美嫩滑有口感，營養價值高，頗受大眾喜愛。

時至今日，社會生活水平的不斷提高，農村鄉鎮大都改建為高樓大廈，「閹雞」技術也如其他傳統手工藝一樣，學這門技術的人也越來越少，不久也將面臨失傳。以往徘徊於農村或鄉鎮市集中的「閹雞佬」，今日在坊間已很難遇見了，日後閹割小公雞的問題，得待農場專業人員處理。

12 賣紗綢的街頭小販

「黑膠綢」，年輕的一代相信對它有認識的人已經很少，不過上一、兩代的香港人對它必定很熟悉，它是中國南部獨有的夏季涼爽衣料，表面烏黑色的樸實無華，穿着起來滑溜溜通爽不黏肉的衣服，清洗時，不需使用任何洗衣液，只須用清水略洗一下晾乾便可再穿，廣為時人所喜愛。此種衣料亦是我母親的至愛，每到夏季她數十年如一日的喜歡穿着在身上，故此我對它帶有熟悉的親切感，記得在結婚時，親戚還以此衣料做喜幛的送我作賀禮。

黑膠綢本名莨紗綢，是莨紗（有暗織花）與莨綢（平滑光身）的合稱，因穿着起來時「沙沙」作響，故又叫「響雲紗」，美化的稱為「香雲紗」，後簡稱「綢仔」，是一種古老絲織物料及經過植物汁液染色後的工藝製作，而以廣東省順德出產的香雲紗衣料最受用家歡迎。

由於這種傳統絲織加工製成品的製作過程十分複雜，工藝獨特、技藝精湛，製作時間長而數量稀少，最重要的是它的生產過程中嚴格受限於原產地（例如：順德、南海、三水、佛山等地）的特殊成份河涌塘泥（俗稱「過河泥」）覆蓋完成的化學反應。故後來雖有日本紡織業的工程師曾到順德想學習此香雲紗生產技術，企圖移植日本，最後還是因泥土不合終無功而返。由此可見，此種工藝產品製作的獨特性質，並不是每一處地方都能生產。

香雲紗是一種用薯莨（像紅菜頭的塊莖）的汁液，塗上桑蠶絲織物的面層，再放入沒有污染過（含有礦物質）的河泥覆蓋，經過太陽暴曬加工，產生化學作用完成的紗綢製品。據說是薯莨汁液主要成份為易於氧化變色所產生凝固作用的多酚和鞣質，和「過河泥」的鐵離子發生化學反應後產生黑色的沉澱物，凝結在製作綢緞的表面，而形成香雲紗正面黑色，反面黃褐色。表面烏

SILK
STORE
TAILOR
CHEUNG

黑塗層，若用久了會隨着歲月而慢慢脫落，露出褐黃色底色，故經薯莨染就的烏黑深褐色，堅韌耐穿的莨紗綢，有「軟黃金」之稱。此門染漬技藝，並於二〇〇八年列入第二批中國國家級非物質文化遺產之一。

以往的婦女或愛穿唐裝衫褲的男士，夏天特別喜歡穿紗綢的衣服，因此類布料通爽涼快舒適，洗晾方便。記得，四、五十年代，街道巷尾經常見有一個托着兩匹黑膠綢的小販，沿街的叫喊：「有布賣……有紗綢賣……」，此情此景已是半個世紀以前的事了，那時賣布匹的店舖雖有不少，但小本經營的街頭賣布者，仍可以靠賣紗綢布匹維持生計，原因可能支出使費少，售價較店舖賣得便宜，故客人也樂於光顧。

可惜，這全人手染製的莨紗綢，消耗的人力多，收成產量少，兩者不平衡下，加上後來的化纖棉織物盛行，技術複雜的香雲紗產銷量逐年逐年的下降，廠商關門的關門、轉產的轉產，據說如今全國餘下香雲紗的生產廠，僅有兩間，其中順德的「成藝曬莨廠」，廠裏四十多名工人當中，知道生產技術及操作關鍵的只約有十人，且已年近八十歲，已是黃昏之年了。

現今，所產香雲紗僅被用於製作官方賀禮，或當作公關場合上的禮服。看來莨紗綢這門傳統的工藝，將步入歷史博物館。而昔日沿街叫賣的布販，在歲月巨輪下也屬大時代的過客，「香雲紗」見證了它獨特風采的一面。

（後記：據悉有部份服裝設計師，利用進貨，創立自己時裝品牌，把香雲紗重新包裝，冀融合現代嶄新時裝設計，把傳統布料製成多款不同時尚服裝，給新一代的年輕人穿上，希望透過時裝演繹的方式，引發更多人對中國傳統工藝及文化的關注，再次認識香雲紗。此舉確是有心人所為，但不知有否考慮到餘下內地的兩間莨紗綢製造廠已近奄奄一息，未來貨源能否持續？此嶄新思維是否能奏效，實存疑問？當拭目以待！）

13 苦力（咕喱）

「苦力」廣東話又叫「咕喱」，又或是從英文Coolie音譯過來，顧名思義，苦力是指那些出賣勞力，替他人搬運貨物以賺取生活費的工人。不過，能負荷得此類沉重的搬運工作者，一定是身體強壯、勞動力強的人。

二十世紀五十年代的香港，二戰過後，經歷了日治時期的摧毀，因逃避內地國共的內戰，香港雖處於滿目瘡痍的環境中，仍有大量的移民湧入，其中南來的華人，除了小部份帶有資本來香港發展的商人外，大部份都是從國內逃難來香港貧困的一族，謀求生計絕不容易，他們從事的都是些低下層而勞動力大的工作，「苦力」便是其中最常見的謀生途徑。

當日在街上，經常看到一群群手拿着一枝枝粗竹桿，竹桿上繫着一大綑繩索的男人，他們站立在街道旁或貨運碼頭附近，有些是單獨個人，亦有些是三五成群聚在一起，專門等候僱主來招請他們幫忙運貨的「苦力」。

當年幹此苦力行業的約有兩種，其中一種，是個人或聯同其他同伴一同合作的搬運工人，俗稱散工，工錢所得悉數由眾人攤分；另一種，工人是由承辦搬運的館子招請及管理，俗稱「咕喱館」。當日香港搬運貨物的「咕喱館」有很多，如「發記」、「榮記」……是專門承辦搬運貨物的運輸機構（維港的港闊水深，貨船往來頻密，是華南的主要港口，多數停泊於三角碼頭）。「咕喱館」是由領班組織而成，有幫派之分，如「潮州幫」、「東莞幫」等，而苦力就是他們的運輸工具，主要的就是把貨物搬運到貨船上。

工作分配是採用「掛牌」方式，「掛牌」的意思，就是館中苦力要把名字寫在竹片掛在牆上，每天上班，把竹片「掛正」，外露名字，讓領班點名分配工作。工

錢按規定由領班支配，二十四小時劃分四工，每工四元，工資以日薪計算，若不怕辛苦，或急需用錢，每日可不停的連開數工，不過，得量力而為，搬運的貨物非常沉重，偶一不慎，便會釀成意外，那時尚沒有勞工法例，工人的生命，是毫無保障。若生意好貨運繁密，但人手短缺的時候，「咕喱館」領班便會到碼頭附近招聘街外的咕喱，做臨時散工。

以前，街上常遇見的畫面，有多名苦力推動着一架大木頭車，車上堆滿了一大堆沉重的貨物，苦力們前面的幾位拼命地拉，後面的幾位盡力的向前推，大汗淋漓的才可以把貨物一直拉到目的地。由此可見，在沒有運輸先進機械之前，「苦力」實是早期開發香港的重要人力資源，是香港貨運業的先驅者，他們螞蟻搬家式的勞動成果，造就了今天繁榮的香港。

今天街頭巷尾及碼頭附近，再不見有持大竹桿的咕喱出現，昔日替人運送貨物及搬屋的「咕喱館」，現今已蛻變為大規模運輸公司的物流行業；以往人力螞蟻式的搬運已不需要，現今有的是先進運輸交通工具、起重機、吊臂之類的大型搬運機械；昔日運貨繁忙的三角碼頭，由於有貨櫃箱的出現，今日已轉移到葵涌貨櫃碼頭；而昔日咕喱辛苦的行業，現今已轉由貨櫃車司機、貨櫃管理員及機械操作員……等等取而代之。

世界的進步，科技的發展，以上種種的街頭行業，隨着時代的演變及生活上需求，有些沒落式微而成為陳蹟，而有些卻蛻變成為全球現代化的大企業。

〔四〕各類固定攤位的行業（細牌照街檔）

香港街頭小販的攤檔牌照，據說從十九世紀中葉已有發牌照的制度，可是並不容易申請得到，故導致大量無牌小販在街上擺賣。一九四五年八月十五日，日軍無條件投降後，再有大批難民從中國內陸蜂擁而至，他們為謀取生計，很多難民也加入（到處流竄）無牌小販行列。戰後百廢待興，香港政府為了增加市民就業機會及對街頭小販易於規管，重新發出各類小販牌照。除部份固定熟食檔大牌檔的大牌照外，其他的街檔，例如：公仔書檔、寫信佬、占卦算命、補爛鐵鑊、補鞋檔、理髮檔、報紙檔……等，大都是固定擺檔的細牌照街檔，當中亦包括一些流動形式的小販牌照。

1 公仔書檔——街邊的圖書館

四、五十年代的香港，在英政府管治下，那時尚未有免費教育，很多貧苦兒童是沒有機會上學校讀書，日常娛樂節目也很少，除往電影院看看影片外，那時還沒有電視機的出現，連收音機（電台）也不多見，有的是以此招徠顧客的涼茶館，或部份家庭每月繳納租金從電台「麗的呼聲」中，收聽的時事新聞報道，或專業藝人講述的歷史故事、天空小說……等。很多連收音機也沒有的家庭成員，空閒時往街上看公仔書就成為他們日中最佳的節目。

在街邊一角或文具店舖的外面，很多地方都會看見有這類公仔書攤檔，其實只是簡單的在牆邊放置了幾個粗糙一格格的釘裝木架，木架上分門別類的排放着一套套的「公仔書」，或稱「連環圖」；並沿着攤檔周圍的地上擺放着一行行的小木櫈仔，方便租賃公仔書的人閱讀。檔主收取便宜租金，不限定時間，僅收一、二毫便可以坐着任意觀看，較看電影廉價得多了，這些場所正適合當時失學孩童滙集的好去處，可說是街邊的圖書館。

連環圖俗稱「公仔書」，顧名思義是以看圖畫為主，每本長約五吋、闊七吋、厚一吋左右，紙質薄薄，活像一本小型的線裝書，內容多取材自中國名著的章回小說，繪圖後把它每套釘裝成若干本小冊子的圖畫書，故又簡稱「連環圖」，並以繪圖為主，其中只略帶簡短顯淺的敘述文字。因有圖畫表達書中意思，書本內容就很容易看得明白，對認識字不多的人來說，確是一種消閒精神娛樂，而這類公仔書的作用，間接地便幫助當日沒有機會上學校讀書的一群兒童，使他們憑着看圖畫（作者多依照原著繪圖）而了解故事的效果，藉此可增進他們對中國歷史故事、各類古籍名著的認識。

例如古代名著中《紅樓夢》、《水滸傳》、《西遊記》、《封神榜》、《三國演義》、《西廂記》……等，

書中內容、人物故事，工筆細緻下，栩栩如生、神情維肖維妙、一絲不苟的用畫像把人物的意識表達出來，雖全是黑白畫面，內容或不乏有描繪飛天遁地、千里眼、順風耳、放飛劍……各種神奇畫面，當中似有導人迷信神化之事，但不得不佩服中國古代作者想像力的豐富、思想前衞、聰明睿智，事實上證明他們當日天馬行空式的構思空間中，當日認為不可能發生的事，現今卻真的一一實現了。

進入太空時代後，說的飛天遁地，現今人人真的可以乘坐飛機在天空中到處飛行，也可隨意的乘搭地鐵在地底下穿梭往來通往各處，更有用手機視像談話FaceTime的千里眼、有天涯海角任何地方都可以通電話的順風耳、至於連環圖中較量武功的放飛劍——現今已變成兩軍對壘的地對空飛彈了，而那些街頭租賃舊公仔書的檔口，早已由圖書館取而代之，消失不見。

不過，在今日科技發展、一日千里的新電子科技年代，看書的人並不一定要購買書籍拿在手上閱讀，在電腦或一機在手的iPhone、iPad電子網上隨時隨地也可

以看得到，往圖書館看書的人也將日趨下降，循此下去，以往盛極一時的出版行業，一定會受到影響，尤其是處於租金昂貴以賣書營運的地舖書局，在減少人群買書的情況下，怎樣維持支出也成疑問。

話分兩面，出版業雖面臨艱辛困難，相信新書籍仍會源源陸續的不斷出版，倘若沒有新的書籍出版，何來有電子新書可提供刊於網上？況且尚有不少仍視看書為享受、愛好拿書在手閱讀的一群讀者，故「書」在某程度上，一定有它出版存在的價值，好的書更是有需求的不可或缺。

2 修補爛衫褲、織補玻璃絲襪

香港物資豐盛、工業發達的今天，潮流衣着趨向時髦，成衣甚多，豐儉由人，十元八塊亦可買到新衣，莫說衣服不會穿得破洞，甚至有些還沒有穿着過的新衣也會給扔掉。若與年青一輩的話說當年，以前的衣服破爛後不會扔掉，而會拿給街檔師傅修補再穿的話，他們聽後亦會匪夷所思。事實上往日街頭巷尾擺攤檔的織補師傅，今日已難尋覓了，縱使有亦是鳳毛麟角。

五、六十年代，街檔的成衣不多，縫製新衣價格高昂，據知當日，一般質料較好的衣服也可隨時拿去當舖典當，以解燃眉之急。由此可知，昔日做新衣並不是一件容易的事，一般家庭只會在過新年時才會偶爾添置新衣，一件衣服穿上十年廿載也是等閒之事；心愛衣服若破損了，就會拿到街上給精於織補的師傅修復，故織補衣服是香港昔日不可或缺的一門傳統手藝。

織補衣服是個體戶式的店舖擺檔行業，其實所謂店舖，不外是固定開設於某處街頭巷尾，簡單的蓋着帳篷，瑟縮於橫街窄巷一角的小檔口。織補師傅多是子承父業的在那處擺檔了數十年，憑一手傳統超卓修補衣服的技藝賺錢，養活一家數口。檔口的空間不大，簡單的添置了一架舊式腳踏式衣車、一張木櫈、一張小工作枱，枱面上擺放有熨斗、剪刀、放大鏡，與各種不同顏色粗幼的線圈、繡花小圓架……，可說麻雀雖「小」，五臟俱全。

織補方式大致上可分平織、針織兩種，平織像普通衣料的服裝、襯衫，針織像毛線衣、絲襪。其實要把破衣服修補得漂漂亮亮，重要關鍵的是師傅「全神貫注，精神集中，進入忘我境界」巧手織補出來的功夫，衣服經他妙手修復後，仿若變魔術一般，「天衣無縫」看不出原來破損的樣子。

熟悉織造行業的人都知道，補破洞的衣服，主要是

從原衣取線，再依照衣的布紋縫補，耗時兼傷眼力。織補方面實際上比縫製新衣困難得多，而且有很多衣料，例如舊毛線衣的容易脆化、閃光銀面凸顯的布料織紋修補後會有色差、纖維質成份多的布料……都無法修復的往往被拒於門外。當然，若能令舊衣物重生，客人滿意，修補師傅自然都會有很大的滿足感。

織補業在昔日生活指數不高的五、六十年代，需求很大，除修補破損的衣服外，其中最大的要數修補絲襪了。絲襪是由幼幼的細絲，編織製成的透明絲網，是富有彈性、光滑、薄薄緊身的長襪或襪褲，女子穿着起來腿部線條顯得特別美，質料透明有光澤，故又稱「玻璃絲襪」，屬「罕有新潮物」。物以罕為貴，早期的絲襪動輒須花費二、三佰元一對，只適合達官貴人、上流階層的女眷，或歡場女子穿着。然而，這「罕有新潮物」卻中看不耐用，很易被刮穿，而需要找師傅修復。因絲網特別幼，修補技術也要特別仔細，慢工出細活下，很傷眼力及消耗精神和時間，故修補價值不菲（每對約收費十元左右），以當日普通市民月入約七、八十元來計算，修補一對的工資可供一家人一星期的生活支出。後來絲襪普遍了，售價逐漸下降，愈賣愈平，也不用找人補破爛了。

現今衣服破爛了，要找專人織補的，相信已不會很多，而往日巧手織補的師傅已日比日少，縱使有，據說，修補工錢也是非常昂貴，往往修補衣服花費的工資，比購買原來衣服的價格還要高。過去是貧窮人家沒錢買新衣時才會把爛衣褲修補，現在織補的多是價格昂貴、質料好、名牌或有紀念性價值的衣物才會找上門。

看來，這值得珍惜的織補傳統手藝，不單止修復了無數名貴衣服的破爛洞，在現今這貪新忘舊的世代中，也修補了部份客人心靈和情感上的空缺！這精湛手藝是五、六十年代的朝陽，也是今日的夕陽行業。

3 畫人像素描的街頭藝人

四、五十年代，香港淪陷光復後，再經歷國共的內戰，大批難民從內陸各地湧到香港，當中有識之士，在困境中，僅憑着一技之長的才藝，以謀求出路，並藉此賴以維生。故街頭巷尾到處都充斥着各式各樣的藝人在街上表演，其中有文的表演，也有武的表演。在香港人的生活記憶裏，相信還會記得，當日路人圍觀着看街頭藝術家（畫家）「畫人像素描」這些街景。

記得，當日廣場一角的空地上，或花園遊人眾多的地方，街上常見有一位靜坐在畫架前，替路人畫人物頭像素描的男士，在他身旁只簡單的擺放着一個畫畫的工具箱，及一些座椅，並在附近散亂的排放了幾個連畫的畫架，畫的都是些黑白炭筆的大頭人像畫，其中陳列的有一幅是他自己的自畫像，畫中的人一看便知道是他，因此招徠了不少客人光顧。每當人客要他畫人像的時候，便請客人坐在椅子上，端視一會之後，即席揮毫的照着客人樣貌細心的描繪起來。這時看熱鬧的群眾也聚精會神地齊擠在他身後圍觀。首先描繪了人物面相輪廓構圖後，再用炭筆細緻地在畫紙上，左描描、右畫畫，不用兩個小時，便輕而易舉地將目標人物活靈活現、形神兼備、維肖維妙的顯現於畫紙上。他收取畫費並不高，畫像亦可長久保持而不變，故很多客人也樂意的要求他畫，看來，這門生意當日尚可維持生計。

「素描」是一種藝術創作，以單式線條來表現直觀世界中的事物意境，除直接表達思想、概念、態度、感情方面外，亦可用幻想、象徵、抽象形式來表達。我非畫道藝術中人，當中細節描繪方法，實不懂詳述，只憑着主觀感受略說一、二而已。素描除了要畫得好、畫得像，首先要形神兼備，神態自然，注重人物內在性格和情緒的刻畫。應盡量避免那些公式化、形象千篇一律，像一個模子刻印出來，呆呆板板沒有生氣的畫作。說得輕鬆，看別人畫得也像很容易，其實要完成一幅好的素描人像，一點都不簡單。

據從事藝術創作的人說，畫素描人物首先着重的是對模特兒作完整的印象，與及畫人物頭像素描技巧的先後步驟，因此，要畫得好的人像素描，除有紮實的基礎外，精確的造型能力是必須有的。由此看來，藝術的創作，形神兼備是人像寫生的最高要求，技巧是從勤學苦練中得出。其實除了耐心勤學苦練之外，還要具備有畫畫的藝術天份，當專注投入畫像世界中，才能收「匠心獨運」與眾不同的意境，沒有天份，終難成大器。

除此之外，我認為運氣也是不可或缺，尤其是學藝術的人，若無伯樂，千里馬潦倒一生的人比比皆是。藝術界名噪一時的如畢加索、梵高、齊白石……等諸位畫壇大師，畢加索也曾經歷過少年鬱鬱不得志的「藍色時期」，齊白石少年避戰逃難至北京，所畫的八大山人冷逸一路亦不為時人喜愛；令人感慨良多的當如梵高這位大師級人物，生前潦倒寂寂無聞鬱鬱不得志而終，死後雖極受後世稱揚，那對他又有何用？代表的只是一群缺乏運氣的藝術家悲哀！

言歸正題，以往的照相機價格昂貴，非一般市民家中可擁有，故市民喜在家中掛上繪畫的人像畫，自從相機價錢走向大眾化而普及後，除特別欣賞畫像的風雅之士外，那些沒有耐性靜坐數小時給人描畫的群衆，改以快速拍攝的照片替代。以往那些以描繪人像畫為生的街頭藝術家，相信現在已絕無僅有，或許，他們在芸芸衆多賣藝人中，經歷過這段艱辛日子後，早已成為一位著名出色的名藝人、大畫家。

7up

4 占卦算命、占卜擇日

我們在人生路線圖中，一切皆是「緣」，有緣誕生在這個世界，無論處於任何年代、地域、家庭、背景、遭遇，從生辰八字中，早已給上天決定了未來的命運。冥冥中發生的一切，生命中就恍如一台有密碼的機器，怎樣拆解那生命的密碼？從八字箴言算命當中，就可以解讀到其中真正的義理。占卦的奧妙：「天下之事有吉凶，托占以明其機。天下之理無形跡，假象以顯其義。」簡單的解說，在未知發生吉凶困惑前，希望從卜卦算命顯示中，得出正確的防患未然、逢凶化吉及應如何化解未知的疑難辦法。據說，占卦問事者必須是至親的人或親自問卦，得出的卦象才能靈驗。

據稱，經驗老到而準確出色的占卦大師，好比一個富有經驗的農夫，一眼就能辨別出面前的種子，何時發芽？何時開花？何時結果？真正的算命師傅亦如是，從占卜命主卦中，憑經驗老到的分析，往往就知道命主的興衰。

記得在四、五十年代，大街小巷的市集裏，或廟宇附近，經常會遇到一些穿着中式長衫，黑布鞋，舉止斯文的老相士，俗稱「占卦佬」，坐在攤檔旁的椅子上，牆邊懸掛着一面「占卜、擇日」四個漆黑色大字的招牌。所謂攤檔，只是固定的在街上擺上一張長形小枱子、兩把坐櫈，枱上放着的是占卦中常用的工具，如通勝、算盤、紅紙、毛筆、墨硯、龜殼、鳥籠……。

「占卜擇日」：選擇結婚日期、事業問職、開張營業、房屋搬遷……，面對人生大事，相信任何人都希望能揀選到一個好的日子，日後得以大吉大利。這個占卜比較簡單，相士首先只要翻開通勝日期查證，見到某些日子註有適「宜」字眼而屬於上述事項的，便根據他們的八字來卜算，很容易的就算出哪天是吉日，而定出他們選擇的好日子，所以收取費用較少。

參神
風水
擇日
掌相
算命
卜卦
改名
氣色
報音台

至於占卦算命，歷代相傳的有靈龜古錢卜卦、測字問前程、文鳥定吉凶……。先說「文鳥問卦」據說遠於四百年前，已有中國人飼養文鳥，形狀類似小鴿子，被視為卜卦術中的靈雀，是占卜中的「媒鳥」。有客人問卦占卜時，相士首先把文鳥從小籠子中釋放出來，然後讓文鳥在一行行排列的籤文中，用尖嘴抽出其中的一篇，相士便會根據這篇籤文講解文中意思而定事主吉凶。竊想，由一隻毫無關係的小鳥而被定命運，實屬兒戲！可是事主卻深信不疑，而此占卜術還可以盛行一段長時間，確是異事！

至於用「龜殼裝古錢」占卜而定運程，在眾多動物當中，以龜為最長壽，壽命長則通天地而具靈性，故選擇這種靈物作為人類與神之間溝通的橋樑。「測字」是考究命主所寫的字一筆一劃一點一勾，在寫字中不期然的把信息傳達到事主的字裏行間，從字裏的神韻、神態、氣魄，處處顯示出問卦人的性格、心態，及感受到的運程遭遇。所以當事主在毫無準備下，寫出的一個字與他的生辰八字相會合，經龜殼古錢卜卦箴言推算下，藉卜卦顯示而知吉凶。據說是老祖宗經千年歷代驗證準確，留傳下來的傳統智慧結晶。

一般人印象中的算命、談命理，往往與玄怪之說或無稽之談相提並論，然而算命不一定是迷信，說穿了，命理學說不外是一種教人如何趨吉避凶、讓人能預知未來而早作提防而已。也有人說，卜卦像一部精密的X光儀器，可以透視過去及未來，若用正統的算命方法，真可以改善命主日後的運勢。

現今雖說科學發展迅速，科技進步，但卻有數不清的堪輿學家、命理相士，如鐵板神數、紫微斗數、風水命理、星座占卜、塔羅牌占卜、奇門遁甲、易經卜卦、流年運勢、占卦算命、面相、手相、姓名學、命名、改名……等，各門各派的大師雲集於香港，且越來越年輕，越來越俊男美女化；在趨吉避凶、事事講求吉利的心態前提下，也難怪很多官商、巨賈，雖處現今科學年代，對命理之學、玄術之談，仍深信不疑的趨之若鶩。

5 寫信佬、寫揮春

在四、五十年代，「代寫書信」的街頭攤檔遍佈於港九各區，寫信的檔主名為「代書人」又稱「大眾秘書」，俗稱的叫「寫信佬」，簡單來說，就是代人寫信讀信的工作者。

不要小覷他們，其實很多的寫信佬均受過良好教育，文學水平高，普遍的都寫得一手好字。據說，擺檔者，除有從中國內陸來的讀書人外，當中更不乏有過氣（退休）的法官、給釘牌的律師、或退休的老師……，多是學貫中西、學識淵博人士。

昔日的香港市民，讀書機會不多，學歷水平普遍不足，目不識丁，不會寫信的市民比比皆是，他們如何與親人書信傳遞？簡單的就是當接到親人的來信，便請街上的「寫信佬」代為解讀，及代為寫信回覆。所以「代書人」，形式上已不僅是一位替人解讀代寫書信的工作者，他們更是貼心的會聆聽你的故事，藉書信的傳遞，將你對親人的情感轉化為文字的人，這種「大眾秘書」服務式的行業，現今已將成為香港老一輩人的集體回憶。

回溯早期戰前的寫信攤擋，多聚集於上環荷李活道的大笪地（最早的平民夜總會），五十年代，市政府要發展荷李活道公園，把整個上環大笪地的攤檔搬遷到現今的港澳碼頭附近一帶，隨後市政府在該地又發展港澳碼頭及巴士總站，於是再度把他們搬遷到油麻地戲院旁的雲南里；一九七八年，雲南里要重建，檔攤曾一度遷往油麻地停車場的一塊空地，至一九八二年才搬到現今甘肅街的玉器市場裏。據說，雲南里期間的代寫書檔，高人雲集，不少退休高官、律師都會來坐鎮，善撰寫法律文件，內容包括租務、錢銀和感情糾紛，陣容鼎盛，高峰期多達四十檔，難怪被譽為「大眾秘書」。

當日要尋找「代書人」最集中的地方，相信非油麻地的雲南里和現今的玉器市場莫屬，那時父親經營的「蘇氏人體模特兒公司」剛巧位於油麻地公眾四方街（眾坊街）玉器市場附近，我經常也會途經，記得，每當走進玉器市場，放眼望去便見到一檔檔，陳列着寫「中英文書信」、「中英翻譯」、「報稅」、「書法」……的招牌攤檔，檔主多是身穿中式長衫，一副文人相貌的男士，靜靜地坐在桌子旁的椅子上，等候客人前來光顧。

書桌上齊齊整整的擺放了一些信封、信紙、墨硯、毛筆，及大批紅紙，相信「代書人」除替客人寫書信、工作證明、報稅、法律文件外，還兼寫新年揮春。他們都練寫得一手好字，每到除舊迎新的農曆歲晚，家家戶戶都喜歡在家裏貼上揮春或對聯，作為新年的賀辭，一年一度的寫賀年揮春，也替「代書人」賺來可觀的外快，熱鬧的景象，可說一時無兩。

至二十世紀末，隨着時代的變遷，教育的普及，讀書的人多了，年青的一輩普通的書信多是自己寫，只有部份不懂用英文書寫的正式書函、報稅、政府函件，才會請他們幫忙，之後，玉器市場中的書信檔，慢慢地變成一條報稅小巷。雖有鐵劃銀勾、大筆揮毫，極具靈氣，農曆新年寫的賀歲揮春、對聯，時移世易下，縱有風光的盛勢，也敵不過時代的洗禮，已給千篇一律的電腦版賀年揮春或電郵替代，昔日其門如市的「寫信檔」，今日卻是門堪羅雀的僅剩下四、五間。

手寫揮春式微，已是大勢所趨，這個年代人人都會用電腦、手機，除特別喜愛書法的人士外，已很少人會用毛筆寫字。至於後期僅依賴報稅項目來維持生活的寫信檔行業，也隨着科技發展、電子郵件、通訊程式的普及而取代了昔日書信的來往，寫信佬已再無用武之地。據知，早前受到中九龍幹線動工影響，依附在玉器市場內的寫信檔，亦將於二〇二〇年隨玉器市場的拆卸而遷移。由此看來，原來持牌的檔主，也死的死、退休的退休，僅餘下的四、五檔，將是末日行業而被時代淘汰了。

大地回春
中英文均可

6 修理爛遮（破傘）

戰後是物資短缺的年代，人民生活艱苦，靠的是刻苦耐勞、知慳識儉，通常舊的東西損壞或是破爛了，大都不會捨得隨意的扔掉，可以修補的一定都會拿給街外專業的師傅修理，例如：補破衣服、修整皮鞋、補爛鐵鑊、箍沙煲、修理爛遮……等等，修理後，雖不能如新的一樣，但起碼它得以延續再使用一段時間，當中，以修理雨遮最為常見。

雨傘（雨遮），是家庭中必具備的日用品，可以防風、擋雨、遮太陽，是以往出遠門的人必定攜帶的隨身物品。縱使是上好的鋼骨雨傘，用得多了，遮骨也會隨時彎曲，或給大風吹斷，而要找雨傘的師傅來修理。

五、六十年代，於街頭或巷口的一角，常常看見一些擺賣新雨傘及專門替別人修理爛遮的小攤檔，攤檔地上擺放着一把把破破爛爛待修理的雨遮，檔主是個體戶的營業模式，老闆、師傅都是他。每當沒有客人光顧的時候，他便靜靜地坐下來把爛遮整理，找出它損壞的毛病後，便用金屬做的細胡桃鉗，順着遮骨U形凹槽把彎曲的鋼骨慢慢地拗直，再以厚身的胡桃鉗，把整條遮骨壓至平整，之後以平頭的鉗仔，修整U形凹槽的兩邊直至遮的鋼骨平直整齊，然後用縫針線，逐一逐一的縫補其他破損的地方，只見他專注不停地在遮身上左縫縫，右按按的，大約一個小時左右，整把「甩皮甩骨」的爛遮，便完整無缺的可以再度使用。

「雨傘」又稱「洋傘」。顧名思義「洋傘」是從西方國家引進，以往中國人用的多是油紙遮，跟洋人以金屬製造的鋼骨遮架，及傘面用防水布料製作的方法各有不同，後來傘骨轉用鋼鐵製成的雨傘，改稱「洋傘」。早期的洋傘，樣子花巧不多，只是用來阻擋風雨和防日曬的一把黑色長柄遮（也稱黃飛鴻遮），鋼骨堅固耐用，防風韌性好，縱有彎曲、折斷、損壞，只要拿去修理後，

即可再用。

其中以牌匾標明「純正鋼骨，永久包修」的「梁蘇記」製遮品牌最為經典，它獨特專有的十枝鋼骨遮，現已少見，因用料好，故價錢雖高，卻可永久保用。時至今日，「梁蘇記」百年老號仍有維持，據說現今尚有不少八十多歲的老年夫婦，從很遠的地方仍會拿着破爛的舊傘回去修理，當中對舊傘的珍惜，想來，傘中背後定蘊藏着不少昔日浪漫的愛情故事。

那些陳年舊傘的式樣，當然不像今日款樣的精美、彩色鮮艷、大小不一，「啲啲骰骰」的更有多層縮骨作用（現有細小的據說有六縮骨遮），可隨身作為裝飾的討人喜愛。雨傘價錢有昂貴的，亦有十元廿元，一用就爛的垃圾貨，不過，現在年輕人容易遺失雨傘，喜歡的反是平價的「垃圾遮」。

八十年代工業起飛，生產工具進步，雨傘在大量製造的趨勢下，鋼骨的洋遮雖堅韌耐用，卻因笨重而又容易生銹，若仍沿用傳統製作，難免會被淘汰，只得跟隨潮流轉變，改用較輕身的纖維遮骨；以前用的棉質遮布，為易於晾乾，現時都改用了色彩繽紛的尼龍布質替代。其中裁遮、衣車、針線、修理，部份的製作工序都被機器取代。今日街上雨傘損壞了少許便遭扔掉，根本再沒有人會拿去做維修，維修師傅缺人傳承下，也日漸見少了。

「傳承」了百多年維修雨傘的傳統手藝，也如日落斜陽一般，漸漸消失，昔日以傘為定情信物、或雨中邂逅，以傘為媒而緣定一生一世的愛情故事，慢慢地將隨着歲月的消逝而漸漸被淡忘了。現代人對愛情觀念，已少着重感情上的維修，情況也恍如棄傘般的被扔掉而不再珍惜！

7 箍沙煲、補爛鑊

「箍沙煲、補爛鑊」，也是昔日的一門傳統修補行業。以前我們煮食用的器皿比較簡單，無論高身圓形有耳的大湯煲、單手柄上闊下窄的飯煲，或是有斟嘴的小型茶煲……統統都是用缸瓦泥燒製的。由於泥的品質及燒製溫度的不同，煉燒出來的器皿也有很大差別，傳統的用一百度燒，耐熱的卻用四百五十度高溫燒。其耐熱程度是視乎燒的溫度而定，低溫燒的容易出現裂紋，但價錢便宜，高溫耐熱燒製的，如日本的瓦煲，較耐用，可是價格卻昂貴，因此，普遍的市民仍多喜歡選購平價傳統的粗糙沙煲。

以往港人生活節儉，及愛惜用物，物品倘若用壞了，能修補的一定都會拿給專人修補，對這些易於破裂的瓦製沙煲，用的時候更會注意保養，因此街上便有「箍煲」和「補煲」的攤檔出現。至於日常煎、炸、炒菜用的鐵鑊，鐵鑊用得多了自然也會穿孔漏水，穿了洞就不能再用了，這怎麼辦？原來亦有專人替它修補，替爛鑊作「補鑊」！

四、五十年代，街頭巷尾經常有一些專門替人箍煲或修補瓦煲裂縫的師傅，俗稱「箍煲佬」，他們既是師傅也是檔主，身旁只是放着一些輕巧的小工具，一大綑鐵線、一些泥漿、一桶清水，只見他靜靜地坐在攤檔的一角，全神貫注地整理着地上一大堆的沙鍋。

「箍煲」與「補煲」，兩者修理方式不同，「箍煲」指的是新買回來的沙煲，怕容易破裂，而預先找箍煲師傅用鐵線把新煲箍上。箍煲佬首先量度了煲形大小後，把鐵線裁剪至適合煲身長度，把它屈成煲形由頂部箍起，鐵線不要過緊或太鬆以防煲身受壓，很快的就箍好一個沙煲。「補煲」其實是指修補已有裂縫或漏水的沙煲，只要在沙煲的裂縫處（或煲底）塗抹一層蛋清及缸瓦泥漿，待泥漿乾後再用火燒，直至裂縫完全修好不漏水為止。

侍武

另一邊廂的「補鑊」攤檔，檔主也是專職的補鑊師傅，俗稱「補鑊佬」，是昔日專門替人修補爛鑊，手藝技術高的行業。鐵鑊有熟鐵鑊（較薄身而輕）和生鐵鑊（較重）兩種，生鐵鑊不易黏底，故多人喜愛用。生鐵打造的鑊子，本身不耐用，用得多便容易穿孔漏水，要請「補鑊」師傅來修補。若是鍋子裂口不大，可用鐵粉修補，補鑊師傅首先把鐵粉煮溶，燒成鐵水，然後慢慢地澆在鍋子的裂口中，再用一塊濕布平鋪在裂口下面，鐵水遇冷凝固後裂口便可填補，跟着再把鍋子燒紅，用鎚仔敲打該處，至鍋子平滑為止。若是裂口太大，則要另加一塊合適的生鐵片補上該破孔處，打鍋釘後，再用鐵水澆補，燒紅鐵鑊，用鎚仔在該處打打、擦擦、掾掾的敲打，過了一會，神奇的，轉眼間破洞果然消失，鍋面也回復平滑，立刻又可恢復再用。

隨着社會工業的高速發展，各類煮食器皿層出不窮，人民生活富裕捨得花錢，煮飯用的瓦煲，早已由電飯煲替代，現更有日本新出品的「炭炊釜」電飯煲（此煲煮出來的飯味仿若昔日瓦煲），還有各種不同類型的電子湯煲及炒菜鍋出現。現今「箍煲、補鑊」這類修補行業，在少人問津下漸漸被淘汰，修補的師傅，更是越來越少，此行業也慢慢地式微了。

可是，「箍煲、補鑊」這兩個名詞，卻不隨此而消失，不時的仍有聽聞，如「擦鞋仔」名詞一樣，給人借用了而變作另類解讀的形容詞。現在俗語所謂「補鑊」，是指做事粗心大意，錯漏百出的事後要補救，或是說做錯了事要改過的意思。而「箍煲」一詞，泛指的是感情破裂而分手的戀人，想重修舊好的形容詞，普遍的說，是想重新修復變差了的感情，回復原來的友好人際關係。想不到，以前修補行業的專有名詞，現在都變成想像中抽象概念的形容詞，天衣無縫貼切地應用在日常生活中，活學活用的替代了。

8 字花檔

不知有沒有人想過？人生的命運就彷彿與「賭」脫離不了關係，從出生之日開始，就賭自己能否出生於富貴或貧賤之家、賭貌相之好或醜、賭智商的聰明或愚笨、賭際遇之好或壞、賭婚姻生活幸福與否……，最後賭在世的生命可活多久，點點滴滴都似與賭博息息相關，冥冥中看不到或控制不了的人生路途上，像與我們現實賭博定輸贏的結果一樣，視幸運與不幸運！

說得似是虛玄一點！簡單的說，只要有人存在的地方，就一定會有賭博的存在。人的一生都似在參與賭博，所以，香港政府雖在十九世紀中，曾頒布法例禁賭，但仍未能遏止賭風，賭館依然林立。二十世紀初，盛行的各種賭博，如番攤、輪盤、白鴿票、麻將、天九、牌九、鬥蟋蟀、字花……等等，在香港都非常流行，其中，以字花的博彩，最為普遍。

日治時期，人民生活貧困，賭博活動卻因此更猖獗，在「字花廠商」的推動下，字花賭博得以廣泛流行。第二次世界大戰結束後，大量移民從中國內地湧入香港，人口劇增，賭況更盛，字花商人透過各處代理攤檔，街頭巷尾都設有投注站，方便賭民投注。因字花投注額低，每注只是三幾角錢，極符合普羅大眾的負擔能力和以小博大的心態，因此，字花博彩變得更為活躍，投注者甚多，據知，此賭博形式很簡單，是以三十六個古人名字或其他同類的三十六種物品，如動物、地名、職業……的一組名字分別寫在各竹牌上，開賭前，在三十六個名字的竹牌中抽出其中一個竹牌，覆蓋起來，放在莊家指定當眼的地方，讓賭客下注；開彩時間到，打開覆蓋謎底，若買中與竹牌名字相同的投注者，即可獲獎，派彩一般為「一賠三十」。

「字花」其實有點像現今的輪盤博彩，又或像「六合彩」的形式。昔日的字花，多由勢力大的幫派操控，據說每日開彩前，還授意一些小報章提供一些似是而非的字花貼士，以提高投注者的興趣，頗類似現今報章中的賽馬貼士。可想而知，當日字花的投注額，一定非常熾熱。

民間沉迷賭博，自古以來，往往都會造成很多社會問題，而字花作弊的情況亦屢有所聞，故自清朝以來，各地政府曾多次禁止字花活動，但往往都是徒勞無功的屢禁不絕。直至一九七五年開始，香港政府推出六合彩，以巨額獎金作招徠，打擊非法賭博活動，字花才從此絕跡市面。

由字花轉換了六合彩形式，由非法的私營變作政府的合法經營，仍是換湯不換藥的是賭博，只是由私人利益變成政府的利益而已，賭徒依舊一樣的是賭徒。其實，人生如賭博，冥冥中，早已注定一生命運的輸贏，我們無法自主，亦不能更改。現實生活中，既是合法的，小賭可以怡情，又無傷大雅的，若以少許金錢，換來一個美夢，偶然一賭，那又何妨！

9 神婆（問米婆）

「問米」古稱為「問覡」。「問覡」之術於幾千年前已有，蓋古人多相信鬼神之說，有些懂得占卜及天文地理的所謂「智者」，自稱可與神靈溝通而上達天庭，夏商時期，國家的君主多信奉鬼神而慕名招攬這群可與上天或神靈溝通的智者，入朝廷為官而稱此為「巫」，後分別稱女巫男覡。「巫」是納於禮部的一個官職，專職籌備國君祭天、祭事及卜卦，藉卜卦算出上天的旨意傳達給君主，再由君主來執行上天意旨。

至漢朝時，「不問蒼生問鬼神」之風更盛，廣遍民間，故有《蘇州府志》記載：「吳俗信鬼巫，好為迎神賽會。」又有《巢林筆談》：「吳俗信巫祝、崇鬼神，每當報賽之期，必極巡遊之盛。」的祭祀盛況記載。期間，「巫」又被道家吸納，道教是透過「術」召靈，以「符咒」為工具，「巫」、「術」融為一體，再分為降靈術、召靈術及通靈術數種。問米屬於召靈術，而召靈術更分為召神靈與召鬼靈兩種，今所說的「問米」當屬於召鬼靈的一類。

「問米」，是中國民間傳統信仰衍生而來的一種通靈行業，從事這行業的「靈媒」多數為年老的婦人，我們叫她神婆，俗稱「問覡婆」或「問米婆」（覡與米兩字語音相近，故多叫問米婆），稱具有天賦的通靈能力。根據道家說法，女性體質陰柔較易受靈體依附，況且女性的說服能力比男性較強，故從事「問米」行業的人以女性居多。「靈媒」受聘於客人，把客人指定的親人靈魂從靈界請上人界，並依附於通靈者「靈媒」身上，與客人對話。

一般人都無法主動和亡靈接觸，思念之餘，而又極想和已故親友聯絡，便會選擇求助於「問米婆」，希望神婆會帶領着陰間的親友上來說說話。這情況，在亡母過身不久後，我和兄嫂（嫂嫂是相信問米的事）等人也曾親身找過神婆，請求「問米婆」帶領亡母前來相見。神婆問了一些先人概況後，便在神像香案前燃點香燭、焚化冥錢，閉目的口中唸唸有詞，不久，便說先人已請來了，只見她全身像抽筋，手腳震動不停，象徵着先人已前來附體，借她口來說話，並要我們逐個逐個的呼喊她……，經過一段時間的對話後，亡母仿似離開了，「問米婆」也像剛睡醒了的模樣，回復平靜正常。

有人質疑，替人問米的通靈者，只是用旁敲側擊，或向親屬動以感情唱獨腳戲的一門騙局。不過，去「問米」的求問者，並不是問米通靈者的相逼誘騙，主要是事主出於對逝去親人陰陽相隔的思念，才會想透過「問米婆」與先人對話，一訴別後離情，以釋思念，縱或通靈者是虛擬冒騙，只要「求問者」相信，或多或少都能得到心靈上的安慰，實不用斤斤計較事實的真與偽。故現今社會科技雖屬高速發展，但民間「問米」鬼神之術，多人問津之下，仍能隱藏於每一個角落，依舊通行無阻的存在。本篇所述雖不是街頭常見的行業，卻是治療心靈良藥，一種代表民間信仰的特殊行業。

10 租售房屋、舖位、薦人館（工人介紹所）的街頭經紀

二戰和平後，大量內地人湧來香港，當中不乏來港發展的商人與各類求職的工人，因而有很多商業機構和工廠的開設，報章滿載着大量「人求事」或「事求人」的分類小廣告。此類廣告除了報章登載外，街頭巷尾，隨處亦見有代客租售房屋、舖位，及介紹工作的街頭經紀。

五、六十年代，此類行業的擺街檔經紀，據說，港島、九龍共約有一百多家，雲集於港島的荷里活道、依利近街、卑利街、莊士敦道，九龍的上海街、廣東道和九龍城的若干條街道。家鄉避難來港的叔父，也曾在廣東道擺設了此類攤檔營業，靠佣金收入謀求生計。

街頭常看到一位坐在牆邊一角的男士，他的身旁豎立着一塊大木板，木板上分門別類一行行的貼上租、售及聘請工人字樣的小紅紙，木板的上角，也同樣的用大紅紙寫上「有房子、商舖租售、招請工人」的幾個大字。那時候買賣樓宇，都是依門牌號數，上下數層一棟棟的相連着買賣，不像今天可以分層的逐一出售，若有房子要分租給別人，就會找街邊經紀代為出租（若想省些佣金的，自己可用招租紅紙貼在騎樓底），店舖亦可委託他們租售，聘請工人也可以透過「中間人」的街頭經紀代為招請解決。

被稱為「中間人」的街頭經紀，除了代客人租售房屋、店舖外，多兼營「薦人館」的事。「薦人館」其實就是當年的職業介紹所，職業包括廚子、花王、司機、拉車、車衣、住家女傭……等等，方便那些不會看報章廣告，又不願花錢買報紙，而想找工作的市民；若介紹成功，只收取少許代勞的手續費（佣金），即所謂「鞋金」（喻代客人跑腿的意思）。僱主通常是免佣的，部份僱主不用花錢又能賣廣告，故除刊登報章外，也樂意給他們代勞。這種情況也維持了一段頗長時間。

時隔多年，香港以前原有的各行各業，經時代變遷、科技不斷的高速發展、人民生活改善下，若不是式微消失，便是因緣際會的得以延續發展。以往用紅紙寫的「有房出租」、「店舖轉讓」、「招請傭工」……等字樣的街頭行業，已由街頭檔口遷入商舖經營，很多的成為大規模的物業代理公司，部份更成為股票上市的大企業。而介紹職業的機構，除有專人私營的介紹所外，也有政府的勞工介紹機構設立。可以說，此門街頭行業，雖經歷時代變遷的洗禮，適值民眾需求，幸運的卻可以成為民生擴大發展的一環。

11

配匙開鎖

不論是富貴或貧窮的人家，家中的大門必定會安裝上門鎖；人多居住的房子，自然鎖匙也會配上多把；除此之外，凡是不想別人開啟或嚴禁出入的地方，如保險箱或密室……等，也會安裝上門鎖。既如此，若出門忘記了帶鎖匙，或門匙弄掉了，或出外掉垃圾時，風把門偶吹關了，那怎麼辦？那時只得求助於街上替人「配匙開鎖」的師傅幫忙，上門「開鎖」。

記得，很久以前，街頭的一角，有一

間小攤檔，檔主是專門替客人安裝鎖匙、配匙、開鎖。攤檔面積不大，僅擺放了當作工作枱的一個大木箱，木箱上面安裝了一部配匙機（那時的門匙較簡單），鐵架上掛着一串串各種不同模式的鎖匙，及一些安裝門鎖的小工具。當有客人拿鎖匙來配匙，便揀選與客人相同模式的配備匙，放在配匙機來複製，只見他在機器的按鍵上，較好位置後，左推推、右按按，很快的，一條一模一樣的新鎖匙便配製出來。

若有客人急需要他上門開鎖，他也會很快趕到，務求提供「開鎖」服務。據師傅說，開鎖其實是很難的，並非如坊間所說具有「百合匙」就甚麼鎖都可以打開那麼簡單，它只是幫助開鎖的其中一套工具，而十字鎖最易被人撬開。裝鎖、換鎖和開鎖都是一門學問，必須具備精巧的專業技術。尤其是客人要求開鎖的時候，除了使出本身技術外，更要有偵探頭腦，辨別顧客是否真戶主，因為稍有不慎，往往就會淪為入門爆竊罪犯的幫兇。

隨着科技的進展，鎖匙也日趨複雜的不同類別，有美國匙、英國匙……；配匙機也複雜得多，不同的鎖匙便要有不同的配匙機，配匙機都變得非常專門化，已非像昔日一部配匙機便可以全部操作那麼簡單。況且此類開鎖、換鎖的服務行業，每日二十四小時，年中無休的不停營業，工作時間之長，確令年青一輩不願承傳。更由於舊地區重建，令當地的傳統攤檔一間又一間的消失，現今留下的，僅是一群經驗豐富垂垂老矣的舊師傅，他們的逆境求存，只是不願意放棄自己的專業技能，更捨不得相處日久的老街坊。

近日新區用的鎖匙已非傳統舊式的門鎖，它們已多轉用密碼鎖、電腦鎖……，此類新穎的門鎖科技，相信昔日「配匙開鎖」的老師傅，現今將再無用武之地，門鎖若有損壞或失靈，只能打電話求助於新進科技的開門鎖專家來修理了。

12

修理皮鞋（換鞋掌兼打鞋踭）

「修理皮鞋」，與上數篇的箍沙煲、補爛鑊、修理爛遮、補爛衫褲……，同屬香港昔日的「修補」行業。由於以往工業尚未發展，人民生活艱苦，物質供應缺乏，每件物品都非常珍貴，用品損壞了便會拿去修補好繼續再用。家常用品類別多，故修補行業也多，「修補皮鞋」是修補行業其中的一門。據說，補鞋匠在眾多修補行業中，算是高收入的一群。

最早的補鞋檔，得追溯到十九世紀的五、六十年代，那時已有補鞋攤檔開設於中環街市對面的吉士笠街；其後，在一九五〇年至一九七〇年時代，補鞋檔更遍佈於港九各街頭市集裏。期間，據聞，港督也曾前往光顧，修改長靴，並讚譽補鞋師傅手藝精湛了得。補鞋檔的傳統手藝包括加高、打掌、換踭、前後打碼、長靴改短靴……等等，主要的是打鞋碼和換鞋掌。

那時，皮鞋價格很昂貴，一對皮鞋動輒要一百幾十元，相當於打工仔的半個月薪水，除富有人家常會穿着外，一般的多是配搭穿着西裝、洋服的男女，而且經常都會穿上十年八載才會更換，故「修補」皮鞋的行業在當時是非常普遍。修理的多是鞋底行蝕的那一部份，要「打鞋碼」或「打鞋踭」，意思是說在鞋底行蝕了的那一角要打上特殊的小膠片，再用小鐵釘釘上，令鞋底不易磨損和耐用。若鞋底已嚴重的磨損，不能再打鞋碼，而要把整個鞋底換掉，叫「換全掌」，或只是局部的換後踭是「換後掌」。

那時補鞋的收費，一般「打鞋碼」要收費二元，女士們穿着的高跟鞋，鞋踭容易折斷或損壞，而要經常修理的這種小毛病，普遍的也要收費五元；至於要換「鞋掌」則屬較大的修補，起碼要十元、八塊，多少要視乎損壞的程度而決定。不要小覷那十元八塊，在當日來說，也不是一個小數目，故手藝不錯的補鞋師傅收入可算豐厚，真可以媲美於當日做律師或醫生的人。雖是收費高昂，不過皮鞋經他們修補後，又可以再穿着一段很長的時間了。

其實一般要修理舊皮鞋的人，並不單止着重皮鞋的價格，而是對它有份難捨的感情。眾所周知，要找尋一對外形美觀而穿着得又覺舒服的皮鞋，實在不容易，穿着得越久而越覺舒適的鞋子，可說融合得猶如腳之老伴；新的鞋子確不如舊的好，故舊鞋子穿着損壞了，主人仍不捨得把它扔掉而會拿給街上的補鞋匠修理，因應此需求，故街上有不少補鞋檔的存在。

現今，舊區的街邊補鞋檔，都是上世紀五、六十年代做下來的老師傅，他們靠這一門手藝養家，數十年的不變，沒有招牌，默默的坐在街頭一角，替老街坊服務。這情況，令我想起移居澳門期間，在澳門「關前街」認識的一位年老補鞋師傅。我穿着的皮鞋，多年來全靠他替我修補和打鞋碼，因經常在街頭見面，相熟得如老朋友一樣，移民美國後，一度回澳門尋訪他，已消失不見，據知，某一年他因打防疫針引起的併發症而逝世了。

歲月如梭，香港很多修補行業，也隨着經濟高速發展、人民生活富裕、社會的商業化，加上科技進步，物品大量生產兼價廉物美，人們越來越追求時髦、越來越注重名牌款式而不着重耐用，很多昔日風光一時的修補行業，例如織補衣服、修理爛遮……等等，相信將隨老師傅的日漸老去，無新人肯入行的境況下，這些傳統手藝遲早會失傳或被淘汰。

不過，「修補皮鞋」這門修理行業，尚算是一門幸運的「長壽行業」，「它」除了舊區的街邊補鞋檔仍有很多老街坊光顧外，也有很多年青的新一代加入經營行列。他們新的營業方法，將補鞋業由街邊檔引進店舖經營，對象由街坊轉向時尚男女，也由原來打踭、打掌擴充出新的項目，例如：鞋的補色及淡化花痕、清潔除腐皮、除臭殺菌、防滑打掌……，他們已改用新科技的補鞋工具，當然修補收費，也比五十年代時高出十倍。時下流行波鞋，有新興補皮鞋兼補波鞋的小店，替波鞋換鞋底、加添裝飾條紋或圖案……，脫胎換骨、煥然一新的令人眼前一亮。

據知，中環有一家已做出名堂及發展有九家分店的補鞋店，總店設於中環黃金地段的商業大廈，顧客都是知名的名流、富商、富太、影視界紅星，他們送來修理的皮鞋都是價格高昂、款式獨特，擺在店內如名鞋展覽，吸引到不少專程而來的瀏覽者，並以此作為買鞋的參考。凡此，皆證明補鞋行業從街檔走向商廈高檔化的歷久而不衰。

13 釘木屐攤檔

今時今日，對上世紀四、五十年代盛行一時的「木屐」，對它有認識的年輕人，相信已不會很多。他們會否認為木屐似日本人在節慶、祭典，或是穿傳統「和服」時腳上穿的木屐形象差不多？事實上真的很相似，不過，他們誤以為木屐是日本的產物，那是錯的。其實日本的木屐，是源於唐朝時期由某些日本來中國的留學生，帶回日本後才廣為流傳，並一直延續至今。

木屐又叫「柴屐」、「腳屐」、「鞋屐」，顧名思義用途的廣泛。根據古文獻記載，戰國時代就開始有木屐了，它的歷史至少有三千年以上。由於木屐具有通爽作用，更不怕下雨及地方潮濕，故特別適合炎熱的地區，及經常在濕地環境中工作的人，而備受中國南方人士的喜愛。早期下田工作的農民、或街市肉檔的小販，腳上穿着的都是些高身木屐，高高的屐踭配上黑色膠皮的大木屐，踩在濕地上，十分豪邁而極具特色，故又稱「豬肉屐」。

「木屐」流行於上世紀的四、五十年代，那時膠拖鞋並未盛行，大人和小孩在街上或是在家裏普遍穿的多是木屐，因而街頭巷口到處都見到有擺賣木屐的攤檔出現。除上述特製的「豬肉屐」外，其他的款式繁多，只見木架上擺放着一行行不同類型大小不一的木屐，當中有男裝款、也有女裝款，有淨色的、也有圖案花的令人眼花繚亂，有普通高度平踭的一款、也有流線型屐身，後踭如高踭鞋般特別高的女裝木屐；膠面顏色由客人挑選。個子嬌嬌小小的女子，多喜歡選擇後踭高的那一種，說是耐用一些，不過價錢自然也是最貴，普通賣的只是七毫，而它就要賣一元了。

當客人選定了木屐和膠面顏色後，就要準備釘木屐了。釘木屐是很考驗工夫，首先要描準客人腳面的厚度，然後用適當的剪裁，裁剪出二片前端較後端略窄的小膠片，分別把膠片用小鐵釘（每邊大約四、五粒），輕力的沿木屐前端的兩邊緣臨時釘上，給客人試穿後，若覺寬窄都適合，才正式的把膠片用小鎚仔用力地把釘子牢牢掭穩，固定的釘在木屐兩邊（稱這膠片為鞋耳）。看他們只是一會兒工夫，就釘好一雙木屐，看似很容易，其實，要釘好一對木屐，是要非常講究經驗、眼力、手力的技巧。

別看穿起木屐走路時「啲啲、噠噠」的聲響像很有趣，也別以為木屐只是兩塊木板，穿在腳上也不見得有甚麼特別，以傳統手工藝製作一對木屐，過程看似簡單，實在一點也不容易。手持重甸甸的斧頭，削劈硬度極高的山黃麻木（是適合製作木屐的木材），需要極高的技巧與力道，斧刀大，要操控得像拿小刀一樣準確的動作，細膩到削出鞋緣的弧度，將堅硬的黃麻木劈成木屐雛形，真仿似練武的功夫一般，並不是一件容易做得到的事情。

現在日本和荷蘭製造的木屐，部份已用機器代替，與傳統手工製作的過程比較起來，確是省時又省力。話雖如此，完成一對木屐仍有很多步驟是需要用人手來協助處理。據行內專人提供步驟簡述如下：

一、畫：要做好一雙木屐，先要挑選硬度高的木材，然後用模板在木材上畫出木屐的雛型線，用機器切割，一分為二的分開一雙，自有屐型的弧度。

二、曬：機器鋸出雛型後，首先便要拿去陽光下曝曬一個星期左右，使木屐比較不易腐壞。

三、砍：使用斧頭，細膩的削出鞋緣的弧度，而成一雙雛型的木屐。

四、泡：將木屐雛型全放在水中泡浸，令木屐在刨的過程中，不會因木材乾澀而容易磨滑。

五、刨：木屐要平滑舒適的穿在腳上，就要靠老師傅細心的修飾，在一個特製傾斜的平台上，固定木屐位置，將木屐的表面、稜角、屐踭刨得光滑滑。

六、漆：在磨好的木屐表層，漆上一層又一層的亮光漆。

七、釘：最後在屐面的前端安裝上釘屐耳，一雙木屐就大功告成了。

現今，人民生活富裕，工業技術進步，外出的鞋子，

多姿多彩，款樣新穎，根本不會再有人穿上木屐上街。家中的拖鞋，廣泛的有膠拖鞋、人字拖鞋、皮拖鞋、布拖鞋……。現在最多人穿着的，是一款形象活似荷蘭木屐造型的特製膠拖鞋，有人把它作為出外（沙灘）的膠鞋，價錢雖貴，據說有助腳部健康護理。回顧昔日街上「釘木屐」的攤檔，相信今日已是遍尋不獲了。

14 街邊歌壇、平民夜總會

上世紀四、五十年代，那時仍沒有電視機的出現，對於今天先進科技的手機、iPhone、iPad ……，網絡中看到的世界，在當日實感匪夷所思。可想而知，那時香港人日常的娛樂活動是極少的，因此「平民夜總會」的出現，自然而然地就成為他們日常娛樂中的一個好去處。

所謂的「平民夜總會」，其實只是一幅大空地，又稱「大笪地」，當中聚集了很多攤檔，如擺賣百貨雜物、熟食攤檔、卜卦算命、寫書信檔，與及各式街頭賣藝表演者……等等，包羅萬有、式式俱備，正好提供攤販一個擺賣的適合場所、江湖賣藝人士的一個表演平台，更是普羅大眾晚上購物與消閒娛樂的一個好去處，故被喻為香港的「平民夜總會」。

香港和平後，民眾的消閒娛樂、購物販賣場地，除早期九龍原有的油麻地榕樹頭（即今天廟街的廟前公園）附近一帶之外，更早的時候，亦有很多攤販擺檔於中環荷李活道的大笪地，據說，全盛時期，那處的表演、飲食及賣物的攤販約有一千檔，五光十色，非常熱鬧。其後，於上世紀七十年代，市政局因要發展荷李活道公園，將舊大笪地土地收回，原有舊的攤檔都搬到港澳碼頭附近的新填地空地。不久之後，於一九八一年，政府又因要興建新港澳碼頭、信德中心及巴士總站，部份的攤檔被遷移到九龍油麻地榕樹頭和廟街一帶，也有些分別被安置到其他地方，例如，寫信檔先被安排到油麻地的雲南里，後又再搬到甘肅街的玉器市場，當局更於九龍旺角花園街及通菜街等多條街道，增設小販認可區，以容納其他檔販。

被喻為香港的「平民夜總會」，以九龍油麻地榕樹頭及廟街最負盛名，每當華燈初上、夜幕低垂，便是該處人群聚集的時候。這個龍蛇混雜的平民夜總會，到處

充滿了草根階層的氣息，那裏有街頭小食的香氣及叫賣聲、有睇相和占卜的攤檔、更有各式各樣的江湖賣藝人士，當中更包括有街頭露天「歌壇」的歌唱表演，形形色色的吸引了不少遊客觀看。

香港賣唱的地方，可分為三處：露天的地方、吃飯喝酒的茶樓飯館，和純屬表演唱歌的場所。上述的當屬露天「街邊歌壇」。街邊所謂的歌壇，簡單的只是在攤檔周邊設有帳幕來遮風擋雨。演唱者，有男、有女、有長者或小孩，有唱國語時代曲、粵語流行曲、或唱粵曲，當中以粉墨登場演唱粵劇的「歌壇」最為吸引，女的穿着華麗戲服，打扮入時，男的一表斯文，演小生角色模樣，講究排場的更會有樂隊伴奏。那些上不了昂貴夜總會的普羅老百姓，欣然地站在街上享受廉價的娛樂。演唱者表演完畢，客人除了拍掌叫好，總會放下一點零錢作打賞，或光顧他們賣的零食（如飛機欖、涼果……），在一家人合力的經營下，足以養活全家。

早期的聽歌者，並不太着重歌唱者的容貌，聽歌的人純屬為聽唱歌者的美妙歌聲而來，喜愛聽的是他們繞樑三日的聲藝，如此專門的表演，歌唱者若非有天賦的好歌喉，實不能當此歌壇行業。據知，香港後期很多著名的紅歌星，早期也曾在此等「平民夜總會」演出過。

香港過去年代的街頭聲樂藝人、紅歌星，他們從以往的酒家、大笪地、避風塘、夜總會、歌廳、酒廊，一直唱到了現今的香港紅館演唱會場，當中的高手湧現、勢不可擋，成就一浪比一浪高。可是，面對世界的改變，榕樹頭的「街邊歌壇」早沒有了，「平民夜總會」的街頭攤販也不見了，隨着市民消費模式的改變，以往歌唱者立足的場地亦紛紛漸告消失。八十年代的紅歌星老了、死了，誰來接棒？又有幾許藝人能夠駐足站在龐大的紅館開演唱會？香港歌唱行業的前景，又會如何？勢將青黃不接的面臨大衰退！

15 街頭古董攤位

古董、古玩、文物，是愛好古代珍品人士，喜歡珍藏作鑒賞的藝術品。販賣古董的商戶，大都在繁盛地區或街頭地檔擺賣陳舊東西而當古董的賣。提起賣古董，令我聯想起當日上環最著名古董集散地的——上環摩羅街。

二十世紀六十年代上環皇后大道中的「樓梯街」與上望的摩羅上街（又稱「古董街」），那處滿佈舊物、雜貨、古董、字畫的店鋪和街邊攤檔；尤其是那條長長的樓梯街，一行行樓梯石級接駁到地台上，每一層的兩邊，地上都擺滿了一檔檔擺賣古董、古玩的小攤檔。另一邊廂，樓梯街下望的摩羅下街有多間出售音響器材、新舊唱片的店舖，與及擺賣地攤，匯集在一起，形成為「流行歌曲中心」的集散地，與摩羅上街的古玩店舖、攤檔，兩者互相輝映下，人群熙來攘往如潮水般湧現，熱鬧情況，可跟上環荷李活道的大笪地不遑多讓，也吸引到不少本地客人、和外來遊客的光顧。

與樓梯街上下相連着的摩羅上街、下街，統稱「摩羅街」，又暱稱「貓街」。至於「摩羅街」和「貓街」名字的來源，據說，香港開埠初期，那處有很多當水手的印度人出現，每當航期工作約滿，他們在陸地停住的一段期間，常在附近地方設地攤擺賣二手貨物。而最早的警署（差館）也是位於附近一帶，駐港英軍中有很多印度士兵，他們休班後都喜歡跟同鄉們購買家鄉貨，故街上聚滿了很多印度人，香港市民習慣稱印度人為「嚤囉差」，因此後來就把該地分別的叫「摩羅上街」和「摩羅下街」，而以中間長長的樓梯作分界，樓梯相連的一帶，就叫「樓梯街」。

據聞早期，該處亦為販賣老鼠貨（見不得光的賊贓）的集散地，吸引到不少精明聞風而至的貓（買家）前來尋寶，故摩羅街又有「貓街」的別名，意指目光銳利的

貓，在「Cat Street」可捕捉到肥老鼠（名貴的贓物）。

很多人把古董、古玩、文物三者混為一談的分辨不清，當中仔細區別的定義，亦非本章短短篇幅能詳盡解說，現簡單的僅略以說明：

「古董」珍物是為世人所重視的古代器物，是先人留給我們的文化遺產、珍奇物品，該物品的年齡多超過一個世紀以上，「它」是沉積着無數歷史、文化、社會信息……，內中涵蓋範圍的定義，並不是該件物品表面價值是否高低，而是其他器物無法取代的一件古物。

「古玩」，可提供喜愛

人士作鑒賞、收藏、把玩的古代商品（如玉器、字畫、錢幣、織繡……），透過此等古物，窺探社會發展時期的政治、經濟、文化、軍事的種種歷史見證，是一具有文化、有品味、藝術性的古代物品。

「文物」，從定義上來說，文物指的是歷史遺留下來在文化發展史上有價值的東西，是人類歷史文化遺產中的見證。與古董和古玩有不同的區別，它可以是古代的，也可以是現代的，更包括可移動（石器、青銅、書畫……）和不可移動（古建築、岩畫、古戰場……）的兩大類，只要在文化發展史上具有價值的，那它就是文物。

細作分析，以上三者之間雖或略有不同，具體來說，亦互有相同之處：

第一，必須是透過人類創造，或者是與人類活動有關的物品；第二，必須是已經成為歷史的過去，不可能再重新創造的獨特物件。

從現代的意義來說，實際上「文物」應屬三者中的大概念，它佔了創作時間及文化產物涵蓋範圍大於古董或古玩的優勢，故文物中的優秀產物，實質上是包涵了古董和古玩範疇。所以，具有鑒賞文物愛好的收藏者，只泛稱其收藏的文物是藝術品。可以說，一件古代（或現代）的藝術品，對文物部門來說就是文物，因為它有文化保育價值；對投資者來說就是古董，因為它有投資價值；對收藏家來說就是古玩藝術品，因為它有藝術鑒賞價值。

於上世紀七十年代中，樓梯街上望摩羅上街一帶，與易名為「樂古道」的摩羅下街進行市區重建後，兩旁店舖林立，仍為古玩、舊物及雜貨的集散地，只有少許地攤在街上擺賣。現在摩羅街已沒有印度警察，賣的東西也不是「老鼠貨」，街邊擺賣攤檔也沒有了，可是「古董街」仍有不少買家，前來賣古玩的小店舖搜尋，如同機靈的貓兒一樣，四處尋寶。

今時今日，古董、古玩、文物此等玩意，火紅火綠的收藏者趨之若鶩，越來越多人投入此等尋寶遊戲中，希望憑他們銳利的眼光，找到心儀愛好物，或漏網之魚的曠世古寶——幸運的便可一朝致富！

16

街邊理髮檔

隨着時代變遷，社會進步，昔日街頭巷尾擺檔的舊行業，在新舊交替的時代巨輪下，很多已漸被淘汰，現今僥幸仍替市民服務的行業，紛紛已轉入地舖或商場內經營。例如，以前遍佈街邊的飛髮檔，現在已很難在街道上看到了，不過它幸運的並沒有被淘汰，而只像其他仍生存的行業一樣，轉在地舖或商場中繼續經營，發展而成為現今的理髮店、髮型屋……。

在上世紀五、六十年代出生的人士，相信對街邊的理髮檔一定有印象，或許也曾經光顧過。檔主多是從內陸逃難來香港的理髮師，他們難以負擔得起舖位昂貴的租金，只得獨自一人（或是聯同數位同行一起），在街邊擺設起「飛髮檔」，替市民服務，以謀求生計。

四、五十年代的街邊飛髮檔，普遍地散佈於港九各區的大街小巷。早期的檔口設備是非常簡陋的，在那仍沒有水、電供應的環境下，只得在那窄窄的橫街巷口水泥地面上，簡單的擺放了一張椅背可稍向後按動的理髮椅子（方便客人刮鬍子時用），和前面牆上掛着的一面鏡子，每當檔主收工的時候，就用鐵鏈將椅子鎖在附近的欄桿上，或放置在就近人家的店舖內，這就是他們街邊營業的檔口。初期是不包括洗頭服務的，後來有水電供應，工作起來就方便得多了。他們修剪頭髮收費便宜，大人二元、小童一元五角，故市民也樂意光顧他們，其實以當日的工資來計算，也算是一門收入不錯的行業。

找他們理髮的多是貧苦大眾的一群，其中以小孩子居多，小孩子個子矮小，需要另外加上一塊軟氈木板，放在椅子兩邊的把手上，使孩子高高的坐在椅子上面，方便給師傅修剪。為招徠吸引兒童顧客，檔口亦常備有俗稱「公仔書」的連環圖書，給坐在一旁等候修剪頭髮的小孩子們觀看。

那時，人們對髮型並不像現今般講究，可是對留長

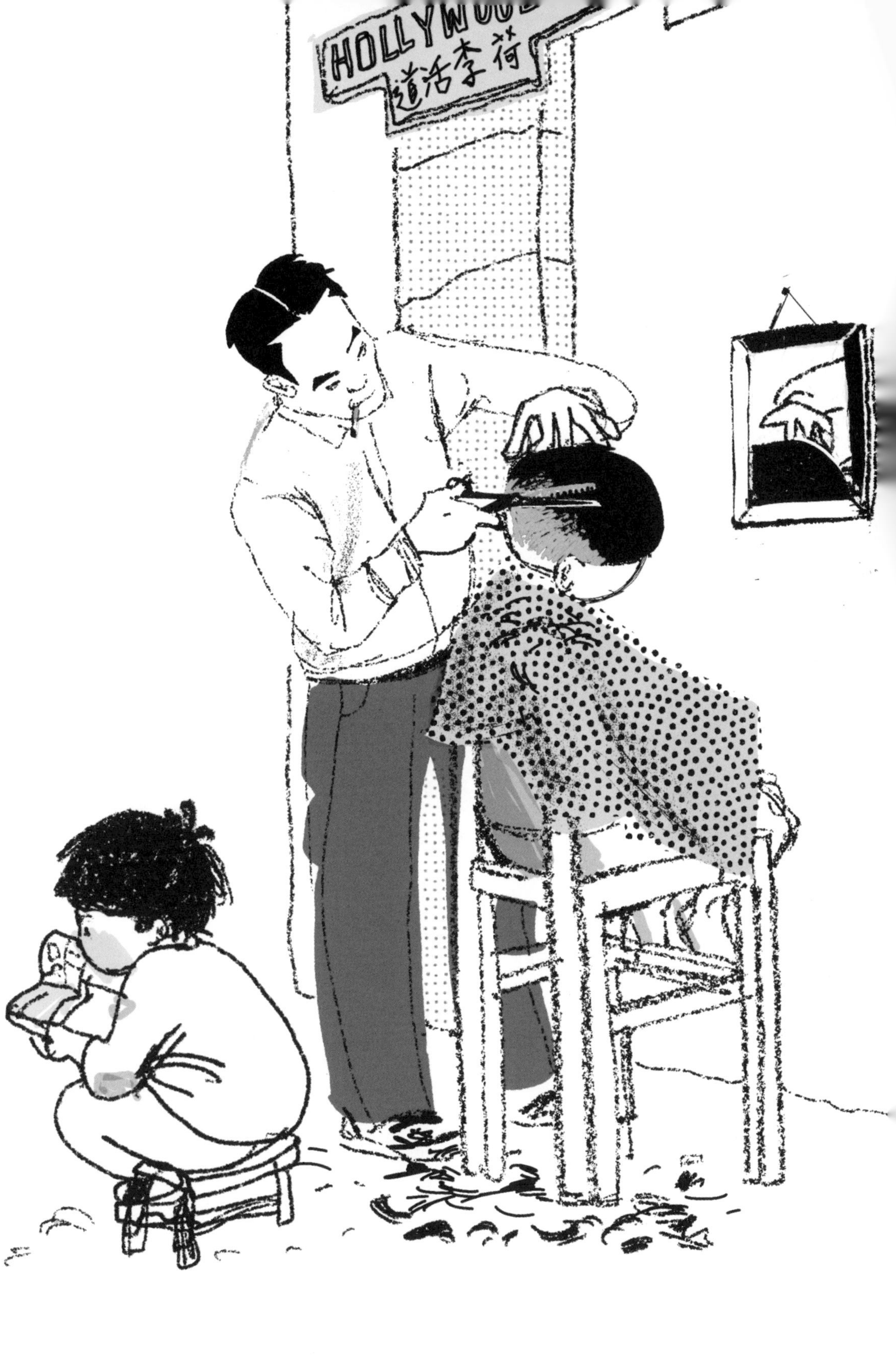
HOLLYWOO
荷李活道

頭髮的男士就不大喜歡而存有偏見，所以，男士頭髮若長了，就一定要修短，否則往往給人視為時下的「飛仔」或「壞人」看待，因此，去理髮店修剪的次數較現今頻密得多了，貧苦大眾的一群就只得經常去光顧街邊廉價的「飛髮檔」。

昔日的市民去修理頭髮，並不是說去「理髮」，而是說去「飛髮」或「剪頭髮」，街邊的理髮店就叫「飛髮檔」，替客人修剪頭髮的檔主，俗稱「飛髮佬」，文雅一點的就叫「飛髮師傅」。別小覷當日街邊理髮的師傅，其實他們很多是從內地來，說得一口流利上海話的上海理髮師傅，他們只是憑着多年經驗、純熟的技術，和跟隨着多年的一套理髮「搵食工具」（剪髮器、木梳子、剃刀、鉸剪），雖是在沒有洗手台，更沒有燙染髮……等等的先進設備，只在那簡單粗糙的街邊檔口，仍贏得了街坊的口碑、客人的認同，而肯回頭光顧，並且一直維持了那麼多年。

現在，隨着城市發展規劃，舊區重建……等原因之下，以往那些沒有花巧的髮型，但擁有經驗豐富與不凡手技、收費便宜的街邊飛髮檔已逐漸消失，熟手老師傅的日漸老去，現今仍有的街邊理髮檔，相信已是絕無僅有。「它」見證了香港上世紀的街頭故事，與消逝了的時光歲月。

代之而起是年輕新的一代，他們三五成群，合夥經營租賃的「理髮店」，或是裝潢新穎、服務範圍廣泛，取名特別的店舖，例如：「妃髮舖」、「依髮辦事」、「基本髮」……等由大集團機構經營適應潮流、趨向時髦的「美容髮型屋」。不過，這類收費高昂、設計新穎的髮型屋，並不適合我等守舊的人士去光顧。

17 爆谷（爆米花）檔

俗稱「爆谷」或「爆穀」，是一種以玉米（玉蜀黍）為原料製作的零食，是堅硬的乾玉米粒（粟米粒）爆開後而形成不規則形狀的小吃，因爆開時形象活像開花一般，故又稱「爆米花」或「玉米花」。粟米乾粒爆漲後的體積，通常是比原來的粟米粒增加了約六十倍（1：60），輕脆鬆化的口感，是老少咸宜喜愛的零食。據美國農業部統計，大部份的玉蜀黍生產用途是用於做粟米爆谷，所以，在大蕭條期間，儘管其他業務不景氣，爆谷業務卻仍能蓬勃的發展，由此可知，種植玉蜀黍也成為許多農民主要收入的來源。爆谷也是很多外國人喜歡吃的食物，尤其是美國人。

至於爆谷爆炸原理，是由於粟米粒的外皮堅硬又不透水氣、加上內面的澱粉質密度堅硬，與其他穀類不同，每一顆粟米粒中都含有定量的水和油脂，當粟米粒被加熱超過沸點之後，內裏的水份和油脂便被加熱氣化而膨脹，但被不透水氣的外皮包裹着，內部便形成了高壓蒸氣；粟米粒中的澱粉開始膠化、軟化而任意變形。最後當粟米內部壓力持續增加到約九百三十 kPa，溫度約攝氏一百八十度時，粟米粒的外皮再無法承受更高的壓迫而突然破裂，高壓中的蒸氣和澱粉質及蛋白質一起噴湧而出，而形成充滿氣泡的泡沫狀；爆破後的氣體、澱粉和蛋白質壓力瞬間下降，並快速的冷卻，泡沫形狀的粟米粒也就快速地被定型下來，而變成我們吃的「爆谷」或「爆米花」。

由於爆谷的製作過程，只要用一小撮粟米乾粒，爆破後就會有一大堆爆谷，可說是成本少而利潤高的行業。戲院商人在商言商的前提下，難怪看到的爆谷檔，是可以放置於戲院大堂內擺賣，據說，是戲院商人經營的獨市生意，除提供觀眾攜帶入電影院內吃的零食外，算來還有豐厚利潤可圖。因此我們印象中吃的爆谷，總會聯想到是看戲時吃的消閒食品。

的確，爆破後的爆谷是不帶一絲水和汁的小食，乾乾爽爽的極適合在戲院內享用，所以受到電影觀眾及電影院主的歡迎，故有「爆谷文化」也就是「看電影文化」之暱稱。事實上，市民昔日甚少消遣娛樂，一家人能安坐戲院看戲，只需花少許金錢，便可買來一大袋帶有甜味、暖暖的爆谷，在欣賞電影之餘更全家有口腹享受，確是很溫馨而幸福的一件事。

其實，不加上任何調味的爆谷富含膳食纖維、低熱量、低脂肪，及不含有糖和鹽，本身原是一種健康的食品，可是咀嚼起來卻覺得淡而無味的不受客人歡迎，故昔日戲院內賣的爆谷，通常也會加入糖份來製造，所以吃起來會有甜甜的味道。爆好的爆谷，要即爆即食，否則，很容易受到四周環境的濕氣影響，便會變得軟軟沒有口感的不好吃。

今天，爆谷已不是戲院商人的專利品，各處商場、食肆、便利店都有發售，更有些是用紙袋包裝着的一袋袋粟米粒，教人如何放在微波爐內爆破。又有些食品製造商，為了增添爆谷的風味，務求製造出迎合消費者的不同口味，在爆谷中添加了大量的香料、糖、油脂或其他調味料，例如有草莓、巧克力、好立克、芝士……等等，各種鹹甜不同味道的爆谷。常聽人說，多吃爆谷會引致身體易變肥胖，其實發胖的真正原因，只是來自爆谷添加物中的大量熱量和脂肪而已。

18 報紙攤檔

香港二戰光復後，初期出版的報紙種類並不多，舊式的樓宇也只有三、四層高，報紙的傳送多靠沿街走動的「報紙佬」高空拋入每家露台內，或報販每家每戶逐一的派送到訂購報紙客戶家中。街上報販的存在，其實始於二十世紀初，街上除見有小童挾着薄薄的報紙沿街叫賣「號外」外，在人流聚集的碼頭附近或街的一角，偶見有擺賣的報攤，他們只是把報紙簡單的擱在一張桌子或幾個木箱子上面，那就是報販們營業的攤檔。

隨着後期經濟的好轉，民生漸趨繁榮穩定，各類不同範疇的報紙，仿若雨後春筍般的紛紛湧現，有些大報除刊印日報外，下午四時後更有晚報的供應。上世紀的六、七十年代，可說是報業的全盛時期，據稱期間有成千上萬個的街頭報紙檔在各處擺賣。報紙攤檔多擺在熱鬧人多的地方，例如渡海輪碼頭或後期地鐵路面的一角，人流暢旺最好的，當然是擺賣在酒家、茶樓及冰室門外的報攤，除賣報紙，與其他刊物雜誌畫報外，還有些兼售賣香煙。繁盛地區的報攤檔口，有些還設有伸縮帳篷，這樣就不怕日曬雨淋了。若日間的報紙賣至黃昏仍未售罄，報販會把兩份不同報紙作一份的「拍拖報」出售，此舉極適合晚上下班回家的人士購買。

當日領取報販牌照規則，據說若因工受傷或意外而失去工作能力的人，由社會福利署轉介，就可以領得報紙攤檔牌照。租金低廉的街邊報紙攤檔，是報販們當日夢寐以求，多人爭奪，收入頂不錯的行業。其實，報紙街檔是依附於人流密集、繁盛的地區下，才適合生存的一門行業，其後在舊區重建，或於新市鎮城市的規劃裏，政府根本沒有考慮顧及商戶的生存空間，當然更不會預留空間給原先在街頭擺賣的固定報紙攤販；地舖少了，近年的酒樓亦多搬入商場內經營，業主當然不會接受報販在自己門前擺賣。

新建的住宅樓宇是一座連接着另一座，每一座樓下都有商場，各商場則靠行人天橋互相連接。商場被天橋貫通後，天橋地下的迴旋路面，原有的街邊擺賣檔亦趕走不少，當天橋落成後，居民只在附近有空調的商場、天橋上走動，地面上的人流更少了。例如，住在將軍澳的居民，他們只須在商場內走動，便可以購買到一切日常用品，根本不用行出街，甚至巴士

站也是建設在商場地下；沒人流走動的新市鎮街道，可說街不成街的不再有街邊，街邊的報紙檔根本難以生存。

由於香港呈現都市化的影響，一些舊有的街頭行業已漸被淘汰，負擔不起商舖昂貴租金的街販，營業額更被大商家壟斷，營利給連鎖式的大型超市或密集式的店舖市場分薄，它們已無法生存而漸被取代。昔日街邊的報紙檔也將會越見越少的無地容身，業務萎縮下將淪為下一個不幸的受害者。

除了上述原因之外，令街檔報紙銷量萎縮最致命打擊的，是滿街派送賣宣傳廣告的報章，它在大街小巷、行人道路或住宅樓下都有免費派送；更有些透過手機或電腦網絡，很多報章也可免費的在手機上閱讀。如此不利的環境下，若非必要，試問，又有誰會再願意付錢來購買報紙？

報紙攤檔受到舊區重建計劃的種種不利影響、大集團機構連鎖式營利的分薄、街頭報紙的免費派送、電腦網站資訊的免費提供……，重重困境的影響下，在一九八五年最後發出的報販牌照，雖說可以由後人繼承，但年輕的一輩，多已不願意繼續經營下去，看來賣報紙的街檔將會慢慢地消失。現仍見到的，是商場中繼續經營多元化（兼賣報紙）的店舖，或以舊市區為最後目標——街頭報紙檔的最後堡壘，在舊區重建、社區面貌更替下，悉力的仍在風雨中求存。

19 賣柴郎（賣柴佬）

以往人家開門的七件事：柴、米、油、鹽、醬、醋、茶，而以柴字行頭，可想而知，柴是多麼的重要，是日常生活中煮食、燒開水、取暖……不可或缺的燃燒物。不過，在現今先進科技之下，有的是各式不同種類的煤、電煮食爐、有的是冷暖自動空調設備……，相對之下，柴就變得不那麼重要了。

香港原是一個依山傍海、人口不多、樓宇疏疏落落的漁村小島，在昔日物質資源短缺，近山食山、近海食海的基本原則下，自然而然地就變成了當地市民謀生的天然資源。以海維生不屬於本篇討論範疇之內，容後再說。就陸地而言，除了大城市中稍見有高樓大廈外，其他的多是三、四層高舊式唐樓。新界的一帶，除遍佈一幅幅泥濘的農地、與及疏疏落落的村屋，四周圍繞着的全是一座座的高山，山上遍植着各種不同類別的高、矮樹木，這些取之不盡、用之不竭的遍山林木，卻養活了附近許多人。

他們多是從事山上的伐木者，斬伐下來的木材，分門別類的一一處理，堅硬耐用好的木料，用途非常廣泛，可用作大木船、建築房屋、製造傢俬、香料、木地板、家庭用具、雕塑精品……等等，若是木質疏鬆的樹枝，或是「朽木不可雕」難有大作用的木材，則截成一段段整整齊齊的用來做柴枝，把它賣給街檔的柴店商販，然後再由柴商轉賣給燒柴的客戶。

上世紀四、五十年代的家庭，都是用風爐煮食，主要的燃料仍是燒柴或燒炭，除了少數部份清貧人家會自己在外執拾些雜木料作燃燒物外，一般的家庭都是光顧街上的賣柴檔（我家也是燒柴煮食），如果有客人購買，很快的便有人把柴擔到顧客的住所，並把它齊整的放置妥當。

那個年代，柴是一般家庭煮食的必需品，街頭巷尾都常見有賣柴的固定攤檔，及路上的擔柴送貨者。柴檔的商販叫「賣柴佬」，文雅的又叫「賣柴郎」，一般是他負責送貨上門，再高的樓宇也要逐層逐層的擔柴上去，實是一門勞動力大的辛苦行業。

六十年代期間建築的新式唐樓，廚房已沒有煙囱通氣設備，漸漸的越來越多住戶改用火水爐來代替，它煮的餸菜鑊氣雖沒有用柴爐燒的香口，但勝在沒有滿屋的濃煙，而且用起來確比燒柴方便。

其後隨着時代和科技的進步，煮食爐的逐步更替，現今煮飯用的是多功能的電飯保、飲熱水用的是電熱水壺，及即開即可飲用的過濾水喉水……；今天普遍用的煮食爐，是扭動開關掣即可着火，並可隨意控制火力大小的煤氣爐、石油氣爐、電磁爐，真的簡單又方便。與昔日燒柴的繁複、滿屋瀰漫着火水爐的火水氣味，真不可同日而語！舊有的燃燒物品，現今新穎的住所裏已很難容納了，相信現今一般家庭已很少會再使用。

20 麻將牌（麻雀牌）出租

「麻將牌」又叫「麻雀牌」，打麻將一直以來是中國人的傳統社交活動。有人說打麻將是中國國粹，也有人說打麻將能醫百病，據說，很多整日嚷着腰痛、腳痛……的老年婦人，只要一坐在麻將枱前，便像百病全消的甚麼痛楚也忘記了。其實哪會如此？她們只不過把精神及意志力全神專注於牌章上，而暫時忘記了身上的痛楚而已。不過，打麻將若不是過度沉迷，只是偶然耍樂一下，也不失為一種正常的應酬及消閒娛樂。

最早的麻將牌是用竹塊做成一塊塊的竹牌，所以打麻將又叫「竹戰」，而租賃給人們打麻將的地方，叫「麻將館」或「竹館」。二十世紀初年的麻將館，並沒有甚麼特別設備，簡單的只是一間有瓦遮頭，售賣雜物、零食、出租麻將牌的街邊小店。麻將牌是連同麻將枱板一起租出，以日租計算租給附近的街坊，常見的租客，多是那些閒中無事的家庭主婦，她們召集左鄰右里的麻將腳，在家裏打麻將當作打發時間的一種手部運動遊戲。

麻將館的前身，其實就是從昔日租賃麻將牌士多舖營業方式衍生出來，以前售賣零食、雜物的士多小店，很多都兼營麻將租賃。初期是沒有專事營業的麻將館，據稱，有一位在廟街經營士多店的老闆，生意不多的時候，便在店舖門口擺放了數張麻將枱，方便閒着無聊或收工後的街坊，隨時都有地方打麻將作消遣，每枱只要湊夠四個人，便可以開枱耍樂，檔主酌量的向每位客人收取微薄的租金；其後改為每枱每局向贏家抽水5%當做租金補貼，除此之外還方便他們在玩樂中購買店中的零食來吃，實一舉數得不錯的生意構思，因此引來很多行家效法。

意料不到，後來來打麻將的街坊越來越多，麻將生意竟然越做越好，他便索性的把士多店的業務關閉，專門做起麻將生意，其他行家又陸續的跟隨效法。由於當日沒有嚴格監管店舖不可以聚賭的律法，引致越來越多這類麻將館相繼的不斷誕生，麻將館因而過多了，導致港英政府終於在一九五五年決定立法要全面禁賭，主要目標就是要打擊市面成行成市的麻將館，令這門行業幾瀕臨滅絕的危機。

後來有一位人稱「雞叔」林國強（見「天地圖書」出版《雞鳴報喜——香港第一麻雀家族「雞記」傳奇》），他就是上述廟街士多店老闆林坤的兒子，組織了一個「港九麻雀商會」跟政府理論，指出打麻將是中國國粹，賭注大小隨意，亦是平民百姓平日的消閒娛樂，情形如英政府的賽馬，或玩啤牌一樣，有錢人可以去馬會玩賽馬、在娛樂場中又可玩啤牌，但民間的平民又可以去哪裏找尋娛樂？況且打麻將發出的噪音比較大，容易影響鄰居，認為若在一個有規範的地方如麻雀館中進行打麻將的情況下會更好。

後來經過一連四個月的談判，終於說服了港英政府，於一九五六年刊登憲報，正式宣佈「麻雀業合法化」，並以一副麻雀牌一百四十四隻的總數為限，發出一百四十四個牌照。由於法例上禁止賭博，為避免鼓吹賭博風氣，牌照上英文名稱是 Mahjong School「麻雀學校」。油麻地「雞記」順理成章地成為香港第一間的持牌麻雀館。

現時，麻雀館的牌照名為「麻雀／天九牌照」，由民政事務局簽發，發出牌照的條件也是很嚴格：

一、持牌人只可以在指定地點及指定時間營業（只限於中午十二時至午夜十二時之內的時間營業）。

二、十八歲以下的人士不得內進。

三、麻雀館主要靠「抽水」獲得收入，每局抽佣上限不能超出贏家的5%。

四、不能向客人提供任何貸款或賒賬。

五、需要證明申請者必是合適經營的麻雀館，持牌人必須親自經營管理，不能隨便轉讓牌照……等等。

現在的麻雀館更以服務來吸引顧客，包括供應茶水，為保障客人的利益及安全，亦以閉路電視監察客人有否進行出千或有其他不法行為。

由此觀之，麻雀館實亦屬領取牌照的正當合法娛樂行業，並非如想像中的警匪／江湖電影形容般的品流複雜、刀光劍影、打架爭地盤、無法無天，又或如傳聞中麻雀館內的暴力行為，毫無監管的九反之地。或許當你真正參與或了解後，你會發覺以上說的種種傳聞，可能都是透過電影情節的假象與傳聞中的誤導和洗腦的負面形象。老實說，經洗腦後負面形象的確是很難改變，也令很多二、三代的後人不願意接手，其實，麻雀館只是提供客人進行麻雀耍樂的一個正常娛樂場所。

現今一般喜愛打麻將的家庭都自備有麻將牌，隨時隨地都可以在家裏開枱打麻將，而昔日租賃麻將牌的士多店，很多的已變成今日的麻雀館了。

〔五〕固定攤位（熟食或小食）

大牌檔

大牌檔又稱大排檔，是香港十九世紀四、五十年代設立的小販發牌制度而出現的一種露天食肆，其實就是街檔食肆的意思，這種合法擺賣熟食的大牌檔牌照，與其他小販牌照不同，是一張特別大的飲食牌照，擺賣者必須在當眼的位置上展示出該份牌照，以確定是否名正言順的合法經營，因此，擁有這種牌照的街邊食肆，就叫「大牌檔」。

香港大牌檔的誕生，據說，四、五十年代，當時政府為解決第二次世界大戰後嚴重的失業問題，而發出大量的小販或熟食檔等牌照，務求讓市民可以自食其力謀取生計；坊間也有另一個講法，說是殖民地政府，為了恩恤戰爭期間傷亡的公務員或家屬，特別發出的一種熟食大牌照。以上兩種的講法都把政府說成是體恤民情的父母官，是一種恩恤行為。

不過，坊間卻有另一群不認同此說的質疑者，認為如此說法不僅是顛倒是非，更是本末倒置。事實上，戰後的政府只是維持往日殖民地一貫的統治模式，根本對民生是不聞不問，也沒替百廢待興的社會提供應有的援助，其時適逢內地又有大量難民湧入本港，在失業嚴重情況下，低下階層幾乎別無選擇地當上街頭小販（無牌小販），靠自己的腦筋和技能謀生。在當日樓宇建築密度偏低、路上行人少、道路上汽車亦是零零落落的，縱使在街頭擺賣，也不見得會構成阻街嚴重的情況，犯不着早早地劃地為牢的規管，而政府卻蓄意勒令發牌照規管路邊食檔的經營，實際上並非真的是着意體恤民情，目的只是嚴格控制和管轄私營的無牌小販，務使到他們不能隨街亂擺攤檔而影響市容。從後來政府連串的施政下，均未見有為經營者帶來自食其力的尊嚴，見到的反是統治者對低下層市民的歧視、層層打壓和管制而已。

上述發牌照的種種誘因，孰是孰非，不屬本篇着意研究討論範圍，簡約的就此略過。本篇要說的，只是描述昔日街頭大牌檔的種種經營概況。傳統的大牌檔源出於香港街頭食肆，早年的上環、中環、灣仔、深水埗、石硤尾……一帶，都是華人聚居的集中地，街頭巷尾遍佈了各種美食的無牌攤檔，政府為了易於規管，順理成章地將那裏定為大牌照的發祥地。

大牌檔持有的牌照正式名稱是「固定攤位（熟食或小食）小販牌照」，

是可以在街上固定位置販售熟食的那一種，是具有持牌人相片及檔位資料的一張特大牌照，領取到這張大牌照的檔主，必須裱裝起來懸掛在檔口當眼的位置，便於查看，及表示與其他熟食檔的不同。

此固定攤位的大牌檔，遠看像一個擺放在街頭綠色的巨型鐵皮箱（雖沒有明文規定要用綠色油漆，但因為鐵皮容易生銹，而綠色油漆在二戰後有大量庫存而最便宜，故一般容易生銹的鐵皮外層，物主都會塗上綠色油漆以作保護和粉飾），就近看其實是一座頭頂部份略呈尖形，像一間上半層開放式的小屋，顏色以綠色為主，是用鐵皮和木板砌成的一座半開放式的廚房和舖面，檔面內沿邊一行行圍繞着的，是擺放着各種煮食用具和一些應用食物，檔主就站在檔位中央面向街的一角煮食。

大牌檔的經營模式，有單獨一檔的，也有數檔匯集在一起，客人可隨意地在不同大牌檔點餐，然後放在同一桌子上進食，餐後只須分檔的付賬。舖面露天的地方，多用帆布搭建成的臨時簷篷，用來遮風擋雨，舖面周圍擺放着打開的桌子和摺凳（附註：早期是沒有開合的摺凳，而是用木板造成的一條條長木櫈給客人坐，食客可圍着飯桌並排的坐在一起，而牌與排同音，故又叫「大排檔」），桌子上擺放着插有筷子的筷子筒，和反轉擺放的碗、杯及一些調味料，方便客人自行取用。結賬方式是不同價錢的食物，分別使用不同顏色的碗碟，結賬時只要按照碗碟的顏色及飲品種類數目計算，很易的便計算清楚，是一種最原始的計算方法。

大牌檔最具特色的，要算是相連的檔口前面，特別伸出了一片呎餘闊的木枱板，及地上放了一條數呎長面對檔主的長條木櫈，木櫈上放置了數張小矮櫈，有些食客是喜歡選擇踎着的坐在長條木櫈仔上進食，他們說這樣吃才算吃得過癮、才夠地道風味。故在大牌檔進餐，有人戲稱「踎大排檔」，可見大牌檔在昔日各類食肆中算是處於較低層次的地位，「踎大牌檔」一詞也是由此而得來，是昔日大牌檔獨有的風貌。

一般來說，大牌檔的主要顧客都是些藍領階級的草根市民，學歷及收入普遍的都比較低。大牌檔提供的進食環境雖不佳，既沒有空調設備，亦沒有舒適的環境，夏天要忍受汗流浹背，冬天則要冒着寒風，遇到雨天還常有簷篷滴水問題……，不過，在大牌檔進食，勝在衣着可以隨便，飲食時即使高談闊論也不會像去茶樓、餐廳般的易遭人白眼及惹人側目，給人客有一種賓至如歸、無拘無束自由自在的感覺，而且食品種類又多，味道不錯，兼且豐儉由人。最重要的是消費確比上茶樓和去餐廳低廉得多，故大牌檔設備雖然簡陋，亦深受一般普羅大眾及草根階層人士的歡迎。

食物的多元化，我認為非大牌檔莫屬，無論粥、粉、麵、飯、晚飯小菜、西式茶點、糖水；或是從早吃到晚的早餐、午餐、下午茶、晚飯、宵夜……當中任何一款食物，若不想在家中煮食的話，只要你想吃，總有一檔大牌檔可以替你解決。如此多元化及全面的食物，當然不會是同一檔大牌檔可以全面包辦，而是每一檔每一檔的大牌檔，分門別類按不同範疇，依據牌照規定的分別經營。食物類別，約分成五大類。

1 西式餐飲的大牌檔（茶水檔）

上一輩的香港人，傳統上都喜歡上茶樓，飲唐茶、食點心，認為飲茶是一種生活享受（我也慣常的喜歡上茶樓飲早茶，看報紙）。飲西茶，其實源自香港殖民地時代，當時西式餐飲傳到香港，華洋雜處影響下，飲西茶漸漸地也變成部份人的生活飲食習慣，中西兼備的餐飲大牌檔也乘時興起，成為香港獨特的西式飲食文化。西茶普遍指的是飲咖啡、奶茶……或西式餐食。洋人或富有的人家，他們飲西茶，除了居家自備外，多往西式餐廳享用，不過，這類價格高昂的西餐廳，一般草根市民是消費不起，應運而生的出現了這類價錢大眾化、食品中西合璧的大牌檔，備受喜愛飲西茶人士的歡迎。

西式食品的大牌檔，又叫「茶

檔」或「茶水檔」，除了賣咖啡、絲襪奶茶、鴛鴦或其他凍飲外，還包括有各式多士、西多士、三文治、菠蘿油、炸雞髀和通心粉……等的飲品和食物，價錢都是大衆化的兩、三毫子。部份的食品，更成為香港的經典小食。

香港人的用膳方式在英國多年的統治下，慢慢地融入西方飲食文化裏，大牌檔的早餐時段，隨意的可叫任何一款食物外，更具備一些廉價的套餐供應，例如有不同食材（午餐肉、火腿、煎蛋）的通心粉、多士，並加上一杯特色的咖啡或港式奶茶。於下午茶時段，又會沿用英國的生活方式，簡單的售賣下午茶餐，例如一件塗上牛油或煉奶的烤多士、一杯咖啡或奶茶……。由此看來，茶檔雖是營業時間長，而以早餐和下午茶的時段，是最多客人光顧。這種中西合璧的飲食方式，確豐富了香港的本土飲食文化。

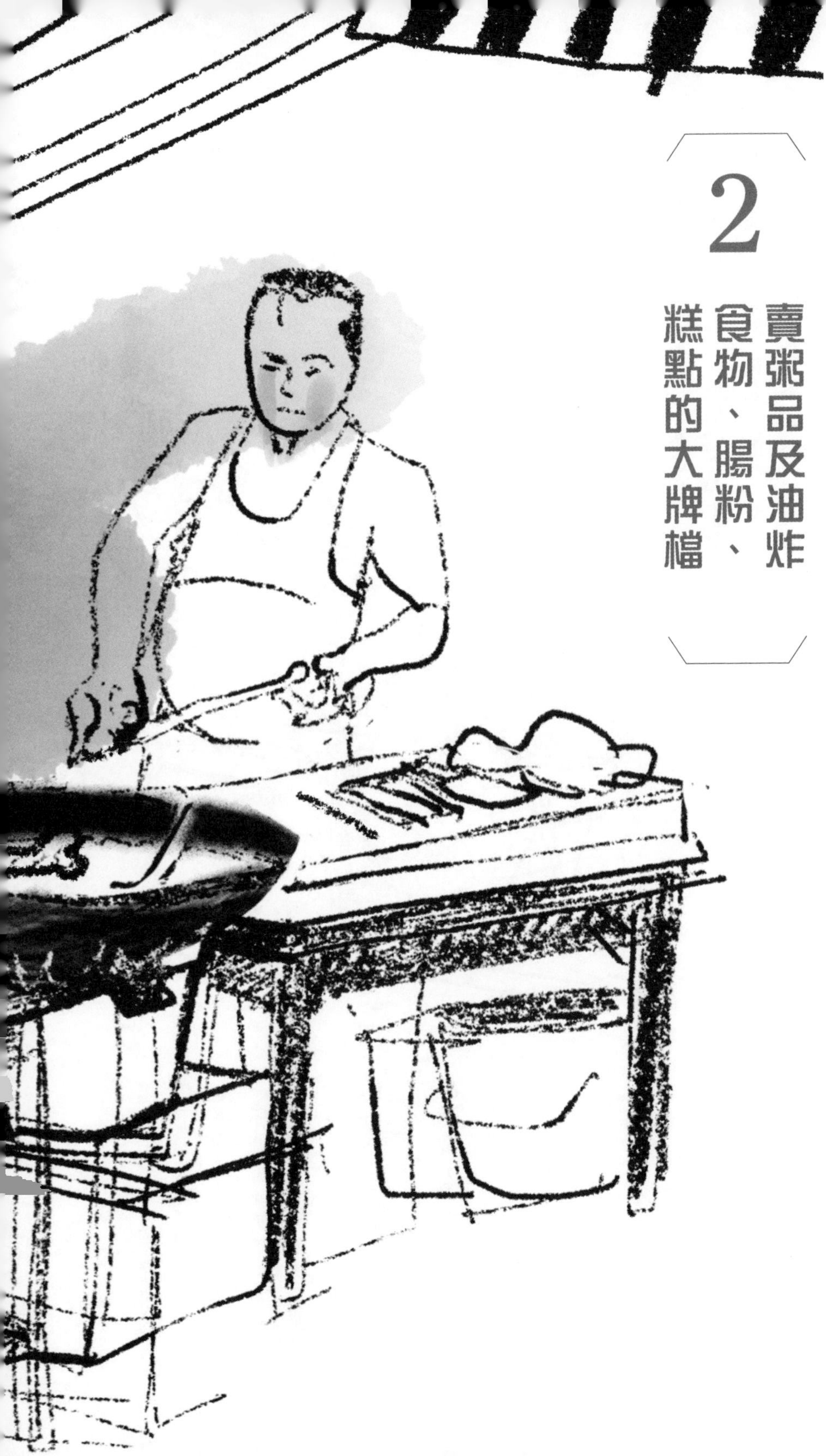

2

賣粥品及油炸食物、腸粉、糕點的大牌檔

很多上班一族在上班前，喜歡到專賣粥品的大牌檔吃早餐，大牌檔除了賣各類粥品外，還供應有其他各式食物，例如油炸食物、腸粉、糕點……等，價錢大眾化而又可以飽肚，最重要的是烹調時間快捷、食物種類繁多，適合大眾的胃口，故極受匆忙上班人士的歡迎，每天早上，粥品檔便其門如市的坐無虛席。

賣粥品大牌檔的檔主，每日三更半夜便要起床往檔口打點開檔的一切，清晨前便要煲好那數大鍋的粥，確是相當辛苦及花時間。不要小覷檔主預先煲好的那三鍋粥，「它」不僅是粥檔的靈魂，粥檔中生意好與壞全靠它。雖說是簡簡單單的一鍋明火白粥、一窩有味的豬紅粥，及那一大鍋預先已調校好鮮味的有味粥，只要「粥底」烹調得有鮮味，便可以煲出各種好吃又有味道的生滾粥。

開檔的時候，大牌檔除了賣粥外，它的兩旁還分別擺放了兩個火炭爐，一個是上面放上蒸盤，蒸着布拉腸粉，布拉腸粉有蝦米葱花腸粉、叉燒腸粉、豬膶腸粉、齋腸粉……等，塗上了各式醬料的腸粉，熱辣辣、嫩滑滑的都很美味，很好吃。

另一邊廂的火炭爐則放上一個裝滿滾熱油的大鐵鑊，這部份通常要兩個人分工合作，師傅把麵條搓成各種油炸食物，再一個一個慢慢地放落油鑊裏炸，另一助手就要不停地翻動着油鑊中的食物，直至食物呈現金黃色慢慢地浮起就可以撈起上來。油炸食物有炸麵條（油炸鬼）、煎堆、牛脷酥、鹹煎餅，無論是哪一種，剛從油鑊撈起上來的時候吃，鬆脆香口的最好吃。我特別喜歡富有南乳香味的鹹煎餅，鹹鹹香香的極有口感及滋味獨持，可惜，坊間現今已少見有此類油炸食物。

說起最廉價食物，那一定是大牌檔的特色糕點「豆泥糕」，是大牌檔裏擺放着的一盤大鬆糕，顧名思義，都會知道它是一種極度平價抵食的糕點，只要五分錢便可以買到一大塊，既可以飽肚，味道甜甜的也不錯，看來，它確是貧苦人家的果腹恩物。

我們去粥檔，當然是想去吃粥。粥有很多種，平貴悉隨尊便，最便宜的有用雞公碗裝載着的白粥（五分錢一碗），若連同油炸麵條（也是五分錢一條）一起來吃，可說是絕佳配搭；還有地道好味一角錢一碗的豬紅粥。生滾粥中算便宜，材料又豐富的有艇仔粥（二角錢一碗）；其他的還有牛肉粥、魚片粥，或各式不同材料如豬肝、豬腸、豬肚、……等等食材的粥料，只要舀一勺現成有味的滾粥放在一個小瓦煲內，連食材一起煲熟，倒入粥碗裏，或再放些薑絲麻油葱花，便是色、香、味俱全，一碗碗不同風味的生滾粥。當然，若論食材講究、材料充足、好吃又較大碗的，非著名的生滾及第粥莫屬，不過相對而言它的價錢也是最貴。所以，若說挑選粥品來吃，昔日賣粥的大牌檔，真可媲美今日的著名賣粥店。

中午吃飯的時段，有些檔主還會增加一些小食，例如豉油王炒麵、芽菜炒河粉……的廉價食物，與粥一起伴吃，既可飽肚又適合匆忙上班的一族。粥檔是從早上一直忙至中午，直至所有粥品售罄便收檔，所以，粥檔的大牌檔在晚上是不會開檔營業。至於說「食夜粥」，只是其他小販晚上在街上擺賣粥品而已，又或者是形容某些勤於習武、修練功夫人士的代用詞。

3 粉麵類（魚蛋粉、牛腩河、雲吞麵）的大牌檔

大牌檔在不同時間、不同時段，都會提供各種不同需求的食物，由此可見香港人的靈活變通。有些大牌檔主要是賣粉麵，如魚蛋粉、雲吞麵、牛腩麵、牛雜河……等，檔主多是近中午時分才會開始營業。這類廣東地道式的粉麵湯吃，極適合中午下班人士，匆忙間吃午餐的快捷生活節奏。

食材中的手打魚蛋、包雲吞（餡料有鮮蝦、豬肉碎、筍粒、調味料）、炆牛腩……等等的工序，全部都是經由檔主及一眾員工在開檔前預先弄好，尤其是那一大鍋有味的上湯，是經過師傅預早的悉心炮製，有了這一鍋湯，煮出來的粉麵湯吃才會鮮甜無比；還有很多備用食物，例如手打魚蛋等，開檔前他們都要花上很長時間的預備工夫。不要少覷那些看來細細粒的魚蛋和雲吞，要做得好吃，其實絕不容易，是要經過食材的嚴格揀選及師傅的巧手製作，才會造出好吃的效果。昔日大牌檔的手打魚蛋，不會使用機器來操作，過程中的挑選鮮魚、去皮、切片、啄碎、調味，打魚膠，直至完成一粒粒的魚丸，每一粒都是經過人手製造。

記得上世紀四、五十年代時，途經深水埗南昌街的某一檔大牌檔旁，見有一位夥計用木盤盛着一大桶剁碎的鮮魚肉，用手大力的搓打，直至魚漿搓打成黏手的膠狀，然後用手指及湯匙，把魚膠捏成一粒粒的小魚丸，整齊順序的排列在一個薄薄圓形的鋁碟上，有些炸成一條條長條方形的魚條。放上數粒魚蛋、幾片炸魚片和一些冬菜的魚蛋湯河，每碗只是售賣兩毫錢。嗜辣的人客，更可沾些辣椒油同食，吃過之後，只覺味道鮮美及魚丸爽口彈牙，味覺無與倫比！可以說，魚蛋河粉，是昔日大牌檔經典之作。

除此之外，還有鮮蝦雲吞麵、牛腩麵（或河粉）、牛雜湯河……等，每一樣價錢也只是大眾化的三毫子一碗。到黃昏時段，除了賣湯粉麵外，有些大牌檔還備有白飯，白飯加上牛腩或牛雜（或另加一隻煎蛋），配搭上少許青菜，便是一碟既可飽肚、富營養而又好味的碟頭飯。清茶不計錢，每碟價錢也只是六、七毫子（有煎蛋）的相當便宜，大牌檔堪稱平民百姓、草根階層的經濟食肆。

4 晚飯小菜的大牌檔

辛苦了一天的市民，晚上放工後，終於可以稍作休息的鬆弛一下，倘若約同朋友在大牌檔前圍坐一起的吃吃晚飯、飲飲啤酒和聊聊天，談談笑笑無拘無束地享受一下，實是生活中的一大樂事。故大牌檔的晚飯及宵夜，是全日中最熱鬧的時刻。

食客坐在露天的街檔上，看着熙來攘往的人群，一道道小菜在熊熊爐火上快炒，一陣陣餸菜的濃香味道撲鼻而來，轉眼間，你方才叫的小菜，香噴噴、熱辣辣的就會有人端到你面前。在香氣四溢的環境中，倘若再喝上一口啤酒，良朋共聚，談天說地，一日辛勞肯定也隨之而消失。

經營晚飯小菜的大牌檔，通常是數家同在一條街上擺檔，而每一檔的大牌檔都有他們獨特的拿手菜式，雖然賣的多以廣東菜為主流，但亦有些大牌檔專門烹調各種不同風味的外省地道小菜，例如潮州菜、上海菜……等，客人可在不同的大牌檔點餐後再聚同一張餐桌上進食，餸菜款式類別之多，相信是任何一間出名食肆都望塵莫及。

大牌檔吃到的港式小炒，講究的是食材新鮮、刀功好、火候夠、調味準，通常多由家庭小菜演變而來，雖非山珍海味，但對草根階層而言都是美味佳餚。除了一般常吃的普通菜式外，大牌檔也有不少聞名的撚手小菜，例如清蒸海鮮、白灼鮮蝦、椒鹽瀨尿蝦、燒臘、乾炒牛河、臘味糯米飯……，也有些大牌檔提供潮州「打冷」、常見的有滷水鵝、滷水豬頸肉、豉椒炒蜆、椒鹽豆腐、蠔烙等等……的潮州菜式，味道大多偏鹹及惹味，適合佐啤酒或拌飯吃。或許，你跟他們同在一起的湊湊熱鬧，來一兩個小炒好好地品嚐，無論是晚飯或宵夜，相信你都會感受到這種老香港特有的懷舊風味。

5 糖水大牌檔

有些大牌檔主要是售賣糖水，糖水分別有中式和西式。西式的如上文〈茶水檔〉說的有咖啡、奶茶、鴛鴦，凍飲有紅豆冰、菠蘿冰、雜果冰……等等；中式的糖水更是包羅萬有，有陳皮紅豆沙、綠豆沙、芝麻糊、湯圓、合桃糊、杏仁茶、咋喳、番薯糖水、腐竹雞蛋糖水……等等。可是很奇怪，很少看到有人把中式糖水當做早餐吃，也極少有人把它當成正式的主餐食，不過，上述的各類糖水，都備受愛吃糖水人士歡迎，認為在休息時間，倘若能吃上一碗甜甜而滋潤的糖水，實有一種消閒的幸福感受，至於它不能登上主餐地位，主要是傳統生活飲食習慣而已。

經營糖水的大牌檔，多在午餐後才開始營業，在眾多大牌檔營業者之中它算是最不矚目、少人注意的一種消閒飲食。每日檔主在開檔前，首先把所有準備售賣的糖水煲好，然後一直地保持熱度。人客通常喜歡在中午過後或吃完晚飯、宵夜的時候，來到檔口吃一碗糖水，檔主只要依照顧客的選擇，用碗裝出來便可以。一般來說，每碗糖水也只是售賣二毫子。晚上，亦有很多樓上的住戶自備容器來購買。

其實，這類糖水的烹調方法，很簡單亦不算複雜，相信任何人在家中都可以煲得到，不過工作了一天的市民已是夠勞累，亦不想花時間煲那一小碗的糖水來吃，況且人口眾多的家庭，每人口味都不同，喜歡吃的糖水亦不一樣，大牌檔有多元化的糖水供應，正好符合各人的要求，實方便了不少想吃糖水而又懶得動手煲的市民。

上述街頭的各類大牌檔，可說與我們老一輩的人度過不少黃金歲月，全盛時期據報有三千多檔。這本來是名正言順的正式經營執照，不過，到了一九五六年，政府卻以大牌檔造成交通阻塞與及衛生問題影響市容為理由，決定不再發出「大牌」的大牌檔牌照，及嚴格的設定只有持牌人的配偶才能繼承牌照的制度，並苛刻的規定每一檔大牌檔只能有「二枱八櫈」的限制（檔主取巧地加上檔前踎的座位），因此繁忙時段常見有客人站着的進食。由此可見，政府目的只是想監管及陰乾他們有限度的經營而已。

實在的，自七十年代起，大牌檔不但要承擔政府施政的壓力，也要不斷面對舊區重建計劃的影響，大部份的大牌檔若不是已經結束營業，就是聽從食環署的建議，搬入一些臨時街市擺檔，或是在市政局管理的「市政大樓」熟食中心集體經營。政府更於一九八三年設立特惠金計劃以現金作補償，誘使持牌人交還牌照。有些持牌人及其配偶年紀老邁，難有體力繼續營業，又不能傳給子女，惟有把牌照交還政府，取回現金作賠償；也有些大牌檔的經營者在交還牌照及領取補償後，仍重操故業的遷入地舖中繼續經營（故很多著名的食肆或茶餐廳多發跡自街邊大牌檔）。街頭傳統式的大牌檔也日見日少，根據二〇一二年食物環境衞生署文件的記載，截至二〇〇九年，全香港餘下的大牌檔僅有二十八間，主要集中於中西區與深水埗一帶。

據聞，食環署於二〇〇九年底表示有意放寬中環大牌檔「固定攤位（熟食或小食）小販牌照」的續牌制度，持牌照者除配偶可以繼續承繼外，還可轉傳予直系親屬，或供其他有興趣的經營者申請，又假如有區議會支持原

靚記糖水
紅豆沙
綠豆沙
蕃薯糖水
腐竹糖水
湯圓

有大牌檔可以在原址經營，食環署亦會考慮批准，以及承諾取消「二枱八櫈」的條文。如此改變，確是政府罕有的一項「德政」。可是問題又來了，為甚麼只是放寬中環十間大牌檔的續牌限制？處事手法是否有欠公允？因而亦引起社會上不少的爭議。

政府活化「中環模式」大牌檔的構思，緣起於二〇〇五年，位於中環伊利近街著名的「民園麵家」大牌檔，因持牌人逝世被迫結業的事件而引起，令大眾關注到大牌檔的承傳續牌問題，與及對本土文化的注視，因而引發保育人士一連串的「保育運動」。其間，政府象徵式地「回應保育人士訴求」而對中環地區餘下的十檔大牌檔作「保育大牌檔」的優惠措施，與及一系列的「與時並進，活化中環」計劃。

可是，另一邊廂，據報有深水埗檔戶欲按照「中環模式」申請續牌，食環署卻以「深水埗區議會以衞生問題為理由而反對」斷然的拒絕（也難怪有檔主無奈的諷稱「中環的老鼠是特別乾淨！」）。食環署對兩區牌檔差別待遇的不同，而獨留中環大牌檔的一條生路，所謂「保育大牌檔」，人所共知實是藉保育計劃粉飾「活化中環」這個資本主義的生招牌，是政府自家打造的保育光環，最終目的是「朝向中環」一帶而已，為低下層市民服務的深水埗大牌檔，自是注定的要遭受淘汰的不公命運。

無論如何，這以配合保育中環的政策，「遲來的保育行動」，就算對其他地區檔戶，確是有點不公平，但能令中環大牌檔的前景重現曙光，體驗昔日風味，畢竟也是好事一樁！

傍晚時分，只要到中環士丹利街的附近走走，往那著名的「為食街」看看，總會見到一檔又一檔經營了數十年的大牌檔，聞到了那濃濃大牌檔炒菜的「鑊氣」，空氣中瀰漫着那陣陣熟悉的餸菜飯香，感受到檔主和食客之間的人情味，熙來攘往的人客與路人，令這一帶倍覺熱鬧。「它」具備了獨有大牌檔食物多元化的特色，也滿載着香港人本土飲食文化的地道情懷！

〔六〕持牌流動小販

香港露天擺賣攤檔的小販，除了部份是無牌街檔商販外，多是領有合法經營的牌照，小販牌照可劃分為兩大類，一種是前已說過的固定攤位小販牌照，該種牌照包括「熟食及小食」的大牌檔，另外一種就是領有流動小販牌照的自僱人士。流動攤檔經營全靠人流，他們多在人流密集的地方擺賣，形式上跟到處走動的無牌小販經營模式差不多，他們僥幸的只是領有牌照合法經營而已。不過，在政府連串的嚴格規管小販擺賣活動所採用的陰乾政策，與及社會發展不斷的轉變，以下這類街頭小食或服務式的流動小販行業，相信已日見日少，現仍留下的僅屬鳳毛麟角而已！

1 炒栗子檔

栗子，又叫栗，是殼斗科喬本植物栗的種子，又稱板栗、栗果，分佈於中國華東多省，是我國特產之一，素有「乾果之王」的美譽，而以秋季採摘成熟的果實最合時。從歌謠：「八月的梨棗，九月的山楂，十月的板栗笑哈哈。」中引證，秋季中的栗子確是最香甜味美，是乾果中的珍品，兼有補腎強腰、養胃、健脾、活血、止血、消腫、止瀉……多種的藥療功效。

栗子不但含有藥療價值，而且營養成份很豐富，乾板栗還含有大量高熱量的澱粉，碳水化合物高達77%，比糧穀類的75%還要高。據說栗子熱量，高達米飯的兩倍，除有大量高熱量的澱粉外，更含有脂肪、豐富的蛋白質，唯因熱量易於攝取過量，故欲保持體重人士及糖尿病患者，不宜大量多吃。

栗子是屬於堅果類，通常吃的是除去啡褐色堅硬的栗殼及帶有絨毛的薄衣（殼內的一層果皮），而只吃內面的果肉；栗子肉可做栗子蛋糕、熟食、煲粥、炒食……等等。最好吃的，當然是路邊檔的黑砂糖炒栗子，尤其是冷風到，在街上即買即食，香噴噴、熱辣辣的，

真不作他選。

途經戲院門前，或街市附近的一角，經常會看到有一擺賣栗子的攤檔，其實簡單的只是在木架推車上，擺放了一隻燒着紅紅爐火的炭爐，炭爐上放有一隻大鐵鑊，鑊內放着大半鑊滾燙燙的黑沙，站在鐵鑊旁邊還有一位中年的男小販，他拿着長長的鐵鏟不停地翻動着鐵鑊內黑沙和栗子。由於栗子處於均勻受熱極高溫度的黑沙中，鮮栗子雖放入不久，只需三數分鐘不斷的來回炒動，硬殼的表皮便裂開成一條裂紋，露出一部份淺黃色的栗子肉，證明栗子已被煨熟，是頗費臂力的一門行業。

遠遠的便聞到陣陣焦香的栗子甜味，只見檔主把炒熟的栗子從沙粒堆中篩出，放入一個厚木桶裏，再一份份的裝入紙袋中擺賣，約半磅重的一包，只售賣兩毛錢，這樣既可保持恆溫，買時人客又不會太燙手，方便顧客買後可以即時的剝吃。早期賣的多是糖炒栗子，經過糖汁加熱後的栗子，表面看來確是亮麗有光澤較吸引，不過，從口味上比較，除了黏在栗殼有少許甜味外，甜味是很難滲入堅韌栗子殼的內面，與沒有加入糖來炒的栗子，同樣地是香甜可口，加了糖吃時手指反是黏黏糊糊的，故後期也減少用糖來炒了。現今見的已非人手炒栗子，而多是電動滾桶的轉熟。

那是五、六十年代以前的事了，現在依舊保留街頭炒栗子的流動攤檔，相信已是買少見少。街頭偶遇的一個頗有趣現象，由於該類牌照的法例規定不能隨便轉讓給子女，有些老檔主取巧的仍會在檔前坐着做「鎮檔」招牌，但負責炒賣的卻是他的子女，儼然一門家庭式的作業。亦不再只是售賣單一款的炒栗子（半磅一袋的賣二十元），除賣栗子外，還有賣熱辣辣的紫心及糖心番薯、鹽焗鵪鶉蛋及雞蛋，也有兼賣炒花生、煨銀杏（白果）、果仁、核桃……等等的栗子攤檔，「業務」非常多元化。還有包裝得漂漂亮亮去了殼的熟栗子肉，一包包的放在超市內擺賣，這種栗子，當然沒有街頭流動小販，即炒即賣，熱辣辣、口感彈牙、肉質香甜的栗子那麼好吃。

2 賣蔗檔、焓熟粟米檔

蔗，又稱甘蔗、竹蔗、糖蔗，是禾木科單子葉的高大實心草本植物，來自熱帶東南亞的多年生「甘蔗屬」植物的總稱，莖直立，每莖多節。甘蔗品種間親緣關係（「甘蔗屬」品種的蔗都可以雜交）的植物，在中國分佈很廣統稱「中國甘蔗」，類型也相當多，以蔗的顏色及不同用途約分為兩大類，一是較幼身青色皮的白甘蔗或青甘蔗，二是肥大粗身墨紅色皮，俗稱的紅甘蔗或黑甘蔗。前者外皮綠色，也稱竹蔗，部份質地粗硬，不適合生吃，產量多，含糖量高，適宜製糖或煲蔗水；後者皮墨紅色，蔗肉偏厚的富纖維質、多汁液、清甜嫩脆、生津止渴，可去皮生吃，亦可製糖。兩者除了是製造蔗糖的主要原料外，亦可提煉乙醇，或被用作牲畜飼料。

說起吃蔗最地道而又最方便的，莫過於光顧街頭賣甘蔗的流動小販檔，買一截蔗去皮後立即咬而啖之並直接用力吐出蔗渣，活像一個活動榨汁機。上世紀四、五十年代，街頭巷尾經常見有小販把一束束長長的青竹蔗或深棗紅色肥大的甜蔗擺放在牆邊一角整枝的來售賣。或把蔗截成一段段約尺餘長像木棍棒形狀放在推車枱上擺賣。若在寒冷的冬季裏，推車上還多具備有炭爐焙熱着的甘蔗一同兜售，肥大的賣一毫，細枝的只賣五仙。

還有一些檔主為招徠顧客，搞些破竹蔗的賭博玩意，檔主把一枝約六、七尺高的竹蔗豎起，客人從頂端若一刀能把長竹蔗整枝破開兩邊，中間不會折斷的那就算贏，贏了的破竹蔗就可免費相送，否則就要依照價錢整枝的購買了，此遊戲倒也惹得不少顧客躍躍欲試，檔前平添了不少熱鬧氣氛。

記得昔日看電影，尤其是播放粵語片的影院，戲院門前像開大食會般熱鬧，到處擠滿了擺賣零食的小販，當中不乏有推車仔賣蔗的攤檔。男孩子喜歡拿着甘蔗一

五仙

枝在手，扮成小英雄威猛模樣瀟灑的吃，覺得很有型！

鄰檔有賣熟食粟米的攤檔，粟米經炭火隔水蒸熟後，煙霧瀰漫中，聞得陣陣濃郁香甜味，十分吸引。有整條粟米的賣，也有分開兩截的賣，價錢分別是一毫或五仙，隨顧客選購。有趣的，女孩子吃粟米，仿若數珍珠般把粟米粒逐粒逐粒地慢慢放入口，細細的咀嚼，與男孩子粗獷的大口咬嚼甘蔗，吃相大相逕庭。

粟米，又稱玉米、玉蜀黍、包米、包穀……，是禾本科「玉蜀黍屬」一年生草本植物，葉互生，呈平行脈，雌雄同株，花穗生於接近頂端的兩側，內包裹着果實，果實成熟後，稱玉蜀黍或玉米，根據種植時間的不同分為春玉米和秋玉米，不同季節的栽種。玉米種類繁多，有白玉米、黃玉米，或有不同品種雜色的糯米粟，皆可作食用，是我國糧食和飼料的主要農作物，粟米粒可做爆谷，或磨成粉末作調味料、糕點。玉米一直被譽為長壽食品，含有極豐富的蛋白質、維生素、纖維素……等，是一種高營養的食物。

時至今日，昔日街頭流動小販賣甘蔗、賣粟米的熱鬧情景已難尋覓了，年青的一代相信都沒有看過，事實上也少有人會在街上整枝蔗的買。當然亦不會有人拿着蔗隨街的吃做榨汁機，若要喝鮮榨蔗汁，可到賣涼茶糖水的專門店舖享用，或是到超市上購買瓶裝或紙盒裝的蔗汁來飲用；至於想吃熟粟米的話，簡單的可在菜市場上買些鮮粟米回家，在家裏自行蒸煮。

3 剪牛雜

「牛雜檔」是昔日街頭特色美食之一，相信不少香港人，只要聞到街頭熟食車仔檔遠遠傳來陣陣濃郁滷水香味的牛雜，一定會胃口大開，也不管吃的時候是否失儀，都會趨前買一、兩串的當街大快朵頤。濃香惹味的牛雜，的確頗受香港食家與草根階層的歡迎，是香港獨有街頭飲食文化之一。

牛雜簡寫牛什，是由牛的內臟煮成，包括有牛腸（大腸、小腸、粉腸）、牛心、牛肝、牛腎、牛肺、牛膀（牛的胰臟）、脆骨（牛氣管，脆口罕少）、牛胃（包括牛肚、金錢肚、牛柏葉、及矜貴的雙連和沙瓜）……等等，整隻牛的內臟俱齊。滷製方法是檔主把牛雜清洗乾淨後，把它汆水，加入濃郁鹹香的柱侯醬、滷水等等香料用慢火熬滷半天，再加入調校好的醬汁料，就烹調出一鍋香味四溢、熱騰騰而惹味的牛雜。

香港街頭小吃的種類很多，有牌的或無牌的流動路邊攤販不計其數，熱鬧情況在上世紀的五、六十年代期間最為蓬勃。售賣的小吃不單止類別多，而且價格廉宜，因而深受坊間大眾人士的歡迎，路邊香濃撲鼻的牛雜檔，可稱為當日街頭美食攤檔的表表者。

牛雜熟食檔多擺賣於人口密集街頭的一角或街市附近，賣牛雜的檔主，又叫「牛雜佬」，多是夫妻檔。牛雜檔的特色，除了有陣陣濃香撲鼻滷水肉食香味外，還不斷聽到「咔嚓咔嚓」的鉸剪聲，只見檔主站在一隻長方形裝滿着牛雜的大鐵鍋旁邊，一隻手拿着鉗子把鍋裏正燒得熱烘烘冒着煙的各種牛雜逐件逐件的拑起，另一隻手則持着鉸剪，不斷「咔嚓咔嚓」的把牛雜剪成長方形、三角形一嚿嚿的牛雜碎塊，然後用竹籤梅花間竹的把不同牛雜塊串成一串串（每串大約七、八件，只賣一毫）的放在滷水汁旁擺賣。香味吸引了不少嗜吃的路人特意來光顧，食客喜歡的會自己塗抹些特製甜辣醬料，香噴噴、熱辣辣的邊行邊食不亦樂乎。也有顧客自備容器，選擇愛吃的牛雜買回家佐酒或拌飯。而另一位拍檔則專門負責收錢及其他雜項。

牛的內臟本是極為污穢及帶有陣陣難聞的異味，可是經滷水調製後竟然可以化腐朽為神奇的變成芬香撲鼻，令人垂涎欲滴的一種美食，簡直是匪夷所思的事，其中得有賴於每日在屠房（牛棚）清洗牛雜的「執雜佬」。昔日牛雜被視為低賤之物，活牛經肉食公司屠宰後，便把內臟棄置，後來無意間有人不怕污穢執拾起，並加工洗淨滷製來吃，發現美味無比，且覺得有利可圖，於是部份執雜者便以極低價錢向肉食公司購入，清洗乾淨後再轉售予賣牛雜的食檔，「執雜佬」之名，也是由此而得來。

「執雜佬」的工作每天凌晨兩點便要趕到屠房清洗牛的內臟，用清水冲走污穢廢棄物及去掉異味，把各內臟分門別類的逐一抽出，劏開後一一沖洗搓揉，確保全部內臟清理乾淨，然後逐家逐戶的送到賣牛雜的食檔。搬運着那一桶桶洗後超重牛雜的粗重工作，與及清洗時那陣陣難聞的氣味，絕對是一門超厭惡性的行業，故收入雖是不錯，也少有年輕人肯入行。

做得出色而又保持鮮味的一鍋牛雜，據食家說：除烹調的各師各法外，關鍵得取決於食材質素，最明顯的例子是新鮮的牛雜與急凍貨，入口便知有很大差異，故經營了數十年著名的牛雜粉麵檔，到現在還堅持的要採用新鮮牛雜。倘若沒有「執雜佬」新人入行，日後提供新鮮牛雜肯定成疑問！

昔日路邊擺賣的牛雜熟食攤檔，雖極受歡迎，卻因衞生及市容問題，街上流動小販被政府嚴加監管的逐步驅趕，部份熟食攤檔更被逼遷入菜市場樓上熟食中心集中擺賣，或租賃小店舖以外賣形式繼續經營。其中有小部份遷入店舖發展成為今日著名的牛雜粉麵店。

除此之外，很多茶樓食肆也會兼賣牛雜。不過，現今除了少數著名的牛雜老字號，或傳統店舖仍舊保持質量不變外（食客經常都是人山人海），很多的雖說是賣牛雜，可是牛雜種類卻寥寥可數的僅有兩、三樣，往往也味如嚼膠筋般難吃，若與以往拿着一串串牛雜隨意的站在街邊吃，那份齒頰留香的回味、那份滿足感，實不可相提並論。

4
街頭熨衣服

相信大家對熨斗一定不會陌生，它是每一戶人家必備的家庭用品。常聽人說「先敬羅衣後敬人」，說得或許是誇張一些，然而，衣服的穿着畢竟是人與人見面時的第一個印象，是一種禮貌，是否羅衣並非最重要，熨帖平滑與整齊的衣服，才是最大關鍵。事實上，皺皺的衣服穿在身上是非常難看，確是很讓人煩惱，縱使整體表現得不錯，卻因穿着的衣服皺巴巴的，便會直接或間接地影響了整體形象，被視為不修篇幅及不重視他人的行為，甚至造成壞的效果。例如會見主考官、應徵時面對上司、參加隆重宴會……等等場合，說得或許是嚴重一些，但若穿着熨帖順滑的衣服，顯得外形優雅整齊，總較被他人視為不得體的好。有潔雅的儀容，心情自會好，自信也會倍增，人也顯得精神奕奕了。

上世紀四、五十年代，那時電器化的產品尚未普及，燃燒發熱物品仍停留於燒柴及燒炭年代，用的熨斗當然不會像後期一插電源即會發熱的電熨斗那麼方便，它像一個高身木柄提壺，中間空，前端略尖，頂上有一個凸出的氣管口，底下的鐵片扁平光滑，貌似立體三角形的鐵製熨斗，也有美觀兼傳熱快、形狀與鐵熨斗差不多的銅製熨斗。打開上蓋後，把燒得火紅紅的木炭放在熨斗中央，關上蓋，待熨斗底部發熱了便可以用來熨衣服。

不過，每一次要燒紅一個大熱熨斗才可以燙衣服，也是一件很麻煩的事情，若只是熨一、兩件衣服而要花那麼多時間來弄的話更不划算，很多人因此也不會親自操作，尤其是上班衣着要整齊而沒有時間熨衣服的單身男女，那怎麼辦？得要勞煩街上熨衣服的阿姨代為工作了。只要把洗乾淨晾乾後的衣服，挑選出要穿着的皺巴巴衣服交與街頭擺檔的「熨衫婆」熨平便可以。

橫街窄巷很多時都會見到有一檔檔替人「熨衣服」

的阿姨，人稱「熨衫婆」，多是四、五十歲的中年婦女，擺檔設備，簡單的只是擺放着一面熨衫板，及一個懸掛衣服的木架；熨衫板上除放有熨斗外，只有一個銅器的噴水壺。她們分佈在各處不同的地方擺檔，與街坊們都十分熟悉。熨衣手法純熟快捷，客人交給她們皺巴巴要熨的衣服，只需數分鐘的時間，一件件便熨得滑順如絲的一樣，收費則按件計算，簡單的如袖衫每件只收費二毫錢，較複雜的如西褲、洋裝……則三毫至五毫不等，收入足以維持生計。

看過街上用炭熨斗擺檔「熨衣服」的人，起碼已有七、八十歲，相信不單止年青一輩沒有機會見過，甚至年近半百的人亦不曾目睹。順筆一提，炭熨斗最早的作用原不是用來熨衣服，追溯前身的起源甚是嚇人，它的雛形原是人見人怕的中國古代最殘忍的懲罰刑具，是犯人們寧死也不願受到殘酷刑罰的——炮烙之刑。據說「炮烙之刑」是商朝末年，商紂王為討好寵妃蘇妲己而設的一種殘忍刑具（現今被視為有嚴重虐待狂傾向的人），把人如衣服般綑綁在炭火烙紅的銅柱上活活煎熬而死，其中用刑折磨人的恐怖，實屬暴戾嘔心，想想也覺得可怕，本篇略過不說了。想不到這種炮烙刑具經後世不斷的發展，竟然發展成為家家戶戶必備的日常工具——熨斗。

熨斗經過時代不斷的演變，最古老的是一種陶瓷水熨斗，利用滾燙的熱水溫度傳熱，把皺了的衣服壓平，但效果欠佳；其後進入金屬時代的炭火銅鐵熨斗，也維持了一段頗長時間；至六十年代家庭日常用品的普及趨電器化了，各種家電如電飯煲、洗衣機、吸塵機……等等，確是方便了不少繁忙人士，炭燒舊式熨斗也隨着的演變為電熨斗。

在電熨斗方便快捷的影響下，昔日街頭熨衣服的攤檔已陸續不見了。炭燒熨斗在偏僻的農村或許仍可找得到，家庭中已不會再有人使用。據說舊電熨斗式的時代又將過去了，取而代之的是新興手持輕巧、快速整熨、適用於各種布料、免灑水、免墊布，安全可靠，快速產生高溫高壓蒸氣的新款手持式「蒸氣掛熨機」面世。快速的時代步伐，舊的已成為歷史陳蹟。

5 拉面毛與梳頭（女化妝師）

上世紀四、五十年代，一般收入少的草根階層人士，他們要修飾儀容或理髮，多會光顧街頭窄巷的理髮檔，這類理髮檔主多是男性師傅，通常他們會在固定的地方擺設檔口。當中也有一些只為女士服務，專門替她們拉面毛和梳頭髮的職業女性，我們稱這些美容女師傅為「梳頭婆」。雖同是街邊擺檔，兩者除了是男女師傅不同的性別外，主要是檔口沒有固定的位置，工作範圍更可以隨時靈活的到處走動。

幹拉面毛和梳頭髮這一門行業，通常是上了年紀的中年婦人，她們擺檔的設備很簡單，只有一張矮櫈仔及一些零碎的應用物品，如棉線、海棠粉、鉸剪、梳子、刨花油……，遇有客人前來光顧，便請她們坐在櫈仔上。來光顧她們的多是街坊的師奶、阿婆、或媽姐（終身不嫁的女傭），除了拉面毛外，還要替她們梳理好那一把長長的頭髮。

「拉面毛」又稱「線面」、「纏面」，是中國民間流傳已久的美容技術，有些女性從小便有線面的習慣，線面其實就是用細棉線拔除面上汗毛也同時修整眉毛。線面前，首先夾起頭髮，在面上塗上一層有消炎作用的海棠粉，除吸去面上油脂外，主要令汗毛變得明顯，只見師傅用口咬住線的一端，再用雙手將線交疊的在客人面上前後推動，利用棉線旋轉的物理特性，巧手的將面部汗毛連根拔除。據說線面時，是由額頭開始直到頸部，汗毛多或敏感的地方，有輕微的疼痛和灼癢。線面之後，不僅能幫助清潔皮膚、去除死皮、清理毛孔、使皮膚變得光光滑滑，面部護理更有按摩活血的作用。

那個時代洗頭髮沒有洗髮液，更不會有護髮素，頭髮要護理得好，古老傳統方法，是用一種洗得頭髮清爽柔順叫「茶籽水」的自製洗髮液來洗頭髮（「茶籽」是老年茶花結出的果實，曬乾後壓成厚厚的一大片叫「茶

18

仔頭」，用時砍下一小角來泡熱水，隔去沉渣後，叫「茶籽水」）。頭髮除了日常自己梳理外，間中會在頭髮清洗後，或線面後請街上的「梳頭婆」來梳理，其實也是最原始的一種護髮方法。

來找「梳頭婆」梳頭髮的女士，大都是留有一把長及腰間的長頭髮，上了年紀或已婚的婦女，她們多喜歡把長髮盤起來梳成一個平滑細緻的髮髻、未婚或媽姐就喜歡梳成一條或兩條長長的辮子。她們梳一次頭髮，足可保持一星期不亂的不用梳理，其中頭髮柔順、光可鑒人的原因是梳頭婆在梳頭髮時用上「刨花油」搽在頭髮上。

刨花油的製法，是由楠木刨出來的薄片（故又稱「刨柴」）剪成絲狀，與山茶花油一起絞碎浸製成粘稠狀，隔去沉渣過濾後，擠出的液體便是刨花油，用後令頭髮帖服易於梳理定髮型，是任何化學凝發劑都永遠無法超越的一種天然無毒綠色環保古老護髮液。

「線面」這門具有幾千年傳統手藝的美容技術，於二〇一四年，被政府納入香港首份非物質文化遺產名錄，可惜仍敵不過時代的變遷而逐漸式微，現今街頭巷尾再不見有「梳頭婆」的蹤影。坊間頭髮修理，有的是新潮髮型屋，然而，不知是否屬實，據說有些髮型屋推崇天然護理的介紹用茶籽水、刨花油，亦有些美容院，除了提供線面，還提供「線」去手、腳、頸背和腋下雜毛的服務。古老當時興下，線面的古老行業將由街頭進入店舖營業。

6 染衣服

印染是一門古老傳統手藝，香港家庭式手工浸染很早就出現，那時衣服的棉織布料較粗厚、結實耐穿，坊間染的色調大多數是採用深沉的顏色，如深藍、深啡、黑……。我母親是一個勤儉持家老一輩愛惜用物的家庭婦女，一些洗得褪了顏色、樣子難看而仍可穿着的舊衣服，或棄置不用盛裝麵粉的棉質大白布袋（兩個布袋就可縫製一條長褲），都捨不得扔掉，通常都會拿給街外收集染衣服的人來浸染。

二戰期間的老香港，市面很少有大型的染布坊，多是由街外收集舊衣物的小型家庭式印染工場。記得，那個時候經常會見到一位肩膀揹着一個大布袋（裝載衣物用）的男人在街道上緩緩地步行，為引人注目，會拿着一個兩面皮製的小鼓，不停地邊行邊搖晃着的發出「咚咚」聲響，並不斷地高喊：「收染舊衣裳……」來招徠顧客，浸染費用不高。

現在，當然不會再聽到沿街有收染舊衣物的高喊聲，不過印染這門行業並沒有消失。以往家庭式的印染行業規模不大、技術水平偏低，限制了染衣業的發展而漸被淘汰，近幾年，隨着各類高科技的發展、人民生活水平的大幅提高、染衣行業的迅速興起，及棉、麻、毛、絲、纖維布料的多樣化，染衣服不再只局限於進行褪色的修復，而是關注到服裝的舒適性、衣服顏色配搭上的美觀，從印染技術上取得重大突破，印染出色彩繽紛的紡織工藝品。

衣服不再偏重於深沉的藍色或黑色，很多色彩繽紛的顏色，多採用天然植物當染料劑，漫山遍野草木之根、莖、葉、皮、蘇木、紫草、茜草、或花卉中的梔子、槐花……等等自然生態植物，經溫水浸漬後，經過反覆試驗，隨着時代的進步，都可以提取天然植物的染料給紡織物上色，叫「草木染」或「植物染」。用這些天然植

物先提取紅、黃、藍三種原色，再用這三種原色調和出各種不同的五顏六色，布料印染後就有光彩悅目的旖旎顏色。

由此可知，我們身上穿着花花衣裳的染色液，都是利用身邊常見的天然植物染料提煉而來。無論是私人的染衣坊，或是發展為正規機械化、工業化的大型印染企業，從昔日傳統的家庭手工染漬粗布，到今天高科技的染布作坊，可以說這門古老的印染行業，一直是伴隨着我們左右。

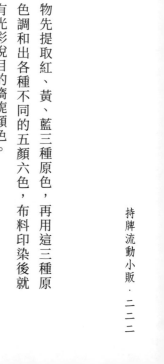

7 講古佬（說書）

從宋朝陸游《小舟遊近村，舍舟步歸》的一篇「斜陽古柳趙家莊，負鼓盲翁正作場，死後是非誰管得，滿村聽說蔡中郎。」詩選中，描述趙家莊空地上一位講故事的老盲藝人，由此可引證宋朝時候，民間已有「講古」的藝人出現。不過故事中說的人物、情節，並不全符合歷史的真實情況，例如詩中指的蔡中郎，是東漢文學家蔡邕（才女蔡文姬之父），本性至孝，並未重婚，但說書者卻將他說成背親棄妻的負心郎，這就叫「死後是非誰管得」，若純粹以聽故事而言，情節是否虛擬，實不用駁古深究。

說書，又稱評書、評詞，古稱說話，俗稱講古。說書在宋代開始流行，雖然以講史書為主，但為引人入勝，多數沒有尊重歷史原貌而稍作更改。講古者文雅的稱「說書人」、「說話人」，俗稱「講古佬」，所用的稿本叫「話本」。說書人皆以地方母語對群眾說故事，因此也屬方言文化的一部份，形式類似長篇單口（一人獨白）相聲講古表演（單口相聲多注入笑料片段）。評書中講述長篇章回小說時，與單口相聲中開場白的「上回說到……」，與及每一章節暫停時吸引聽眾繼續收聽的「欲知後事如何？且聽下回分解。」技巧幾乎相同。

能當一位評書出色的說書藝人，首要重視的是出身師門承傳，及天賦一把娓娓動聽的好聲音、儀態出衆、進退有度的演繹得當，按傳統規矩，評書台上放置的三件小道具醒木、摺扇、手絹，尤其是「醒木」，是藝徒學習期滿時師父送給門下弟子的特有證物，並以此作為專業藝人的憑證。

據稱清末民初時，評書藝人往往是身穿一襲素色長衫，儀態優雅的獨坐於書桌後的椅子上，桌上擺放了一盅香茶和摺扇、手絹、醒木，三件提升說書氣氛的小道具，不時聽到台上說書者抑揚頓挫的清朗聲，時或拿出

手絹作嬌羞模樣的美少女，時而搖扇作風度翩翩的少年郎，或醒木拍案公堂上令人震懾的父母官，正當聽眾聽得如癡如醉地投入時，就會聽到台上說：「欲知後事如何？請聽下回分解！」斯時，台下便有人會代收賞錢或售賣零食。

我從小便是一個愛聽故事的小孩子，那個時代收音機尚未普及，更不會有視像電視機的播放，晚飯後上街「聽古」表演，就是我日中最好的娛樂節目。每逢黃昏入夜時刻，街頭的一角，在大光燈照耀的空地上，擺放着一行行的矮小櫈仔給聽眾坐，前面放着一張四方形的書桌子，桌子後面站着一位穿着唐裝衣服，說話滔滔不絕的說書先生，俗稱「講古佬」的男士，書案上放着一盅清茶。說書「話本」多採用史書（《三國演義》、《隋唐演義》）、神怪書（《封神演義》、《西遊記》、《濟公傳》）、公案書（《施公案》、《包公案》）、武俠書……等等，只要是演義或小說，略為加工，便可以編寫成「話本」作評書。對當時讀書少，識字不多的人來說，透過聽「講古」渠道或戲劇的宣傳途徑，的確會認識到很多有趣的歷史故事。

說也奇怪，聽歷史故事我會特別的喜歡，也特別的容易投入及了解，最喜歡聽的是《三國演義》中的故事，例如：諸葛亮舌戰群儒、三英戰呂布、關雲長過五關斬六將……等等，說書者繪形繪聲、活靈活現的演繹，令我百聽不厭！由此可看出，老人家說的「孩子三歲定八十」，確是事實，想我長大後着意的會選讀中國歷史，終身事業更是樂於從事歷史的講學而不厭倦，或真是與生俱來，從小便喜歡吧。

重複的再說說，何謂「說書」？又「說書」怎樣能維持生計？說書其實是包括了「說」和「書」兩部份；「說」當然是口講，「書」就是書中故事內容。所以「說書人」正式來說應該是民間藝人中典型的「口力勞動者」，從賣力演說中收到聽衆的賞錢以維持生計而言，可以定性為「靠耍嘴皮子吃飯的那種人」。其實，我們站在講台上授課的教書老師，又何嘗不是一樣的靠把口「賣嘴」為生，不同的看法，他們善用本身知識及超卓口才技能來娛樂他人，而我們只是把學到的知識，毫不喧染的繼續傳承給下一代而已。

日新月異，隨着「麗的呼聲」、「收音機」廣播電台的興起，廣播節目的普及，街上說書者漸漸不見了，聽眾轉移收聽廣播電台中的播出。廣播劇傳播範圍廣泛，聽眾盛況空前，單口相聲表演（詼諧）趣劇演員如鄧寄塵、李我的長篇「天空小說」、蕭湘的「倫理小說」，可稱當日廣播電台相聲行業的表表者，也曾膾炙人口的盛極一時。現今，廣播電台雖說仍有評書專欄設立，可是收聽的群眾已是寥寥可數，能否繼續維持，實屬疑問。實際上，此門行業謀生困難，也越來越少年青人想參與，基本上，除了舞台上偶見有興趣的藝人參與演出外，坊間說書者可說已是絕無僅有，也難怪有些說書老藝人擔心評書這門傳統古老行業，勢將會慢慢地消失。

8 街頭的魔術表演（恐怖的魔術檔）

魔術起源的正確時間無從考證，歷史上最早的魔術紀錄，相信是記載於四千多年前的埃及。文獻上曾記載了一段名叫德狄的魔術師，受召為法老王進行表演，將鵝頭砍下而仍可復生的故事，頗類似現今「電鋸活人」的魔術把戲。在古代人們相信自然界中一切不可思議所發生的事情，都歸納為精靈或神靈所操縱，所以，早期的巫師或祭師就利用人類迷信的心理而製造出種種神蹟，來強化本身宗教的信仰。魔術師超乎自然現象神乎奇技的表演，三百年前，也曾被人誤以為與邪靈結盟，險給列入巫師魔法而遭屠殺。

其實，魔術的表演只不過是通過藝人特殊訓練的靈巧手法，與及專業知識和精巧細緻的道具配合，由魔術師手中展現出違反常情的客觀經驗法則演出，令觀眾產生錯覺，認為是不可思議的現象而已，並不是甚麼靈異神蹟或特異功能，而是一門獨特的藝術表演。因魔術師表演時常會使用障眼法，故古代的魔術師又有「眩者」或「幻人」等稱呼。

印象中小時候看到的魔術表演，感覺上不像是帶給人歡樂，而是令人恐懼的事情，記得，在居所附近的花園空地上，常有一座用黑布幕遮蓋着的小布帳棚魔術檔，偶會見到帳棚頂上凌空飄動着一個滿面鮮血的恐怖人頭。場外會有人打着銅鑼喳喳聲的叫喊：「有嘢睇，有好看的魔術睇……」招徠觀眾，每次收取入場費兩毫錢，居然亦吸引到不少好奇人士入場參觀。從小膽小怕恐怖的我，遇有這種觸目可怕景象，例必繞路而行的避開，加上母親怕我看後會發噩夢，所以一直不讓我入內觀看。回想那時真笨，這種「人體分離」的魔術演出，其實只是演員穿着與黑色布幕同一顏色的衣服，站立在布幕上只露出頭部，利用光影的錯覺，下身和布幕便形成一致的見頭不見身景象，實際上是一種很簡單的魔術表演，不過驟眼一看，我卻覺得非常恐怖。

魔術表演當然不會只有恐怖的電鋸美女、人體分離、劍穿體內、水中綑綁，及卡車輾過而不死……等等，也有極吸引好奇人士，而又受歡迎的魔術演出，例如，睡在空中懸浮不倒、錢幣穿過鉛筆仍完整、人在水上可飄行、翻倍的牛奶、燈泡不用電可發光……及最常見的有接連環圈、消失的杯子、從帽子中變出花朵及鴿子……等等，諸如此類有趣的魔術表演。當中的種種揭秘關鍵，不屬本篇述說範圍，不在此論及了。

不過，篇內涉及機械道具的表演，不知道他們有否想過會發生危險（天性膽小）？當中如電鋸美人、卡車輾過活人、水中解綁……等，萬一不幸安全機關突發失控，當我們看到魔術師拿起電鋸將美女鋸為兩段，緊張到心都跳出來的同時，可能已真的弄出人命慘劇。在外國視頻中就有這樣一宗因表演魔術失敗的轉載，說有一位魔術師把做助手的妻子弄假成真，當眾身首異處活生生地慘死於電鋸之下；也有魔術師因困於水底箱中過久解綁不到，不能逃脫的活活窒息而死。這些雖是極少數例子，聽來也頗令人不安。

魔術在中國亦有悠久的歷史，在漢唐時已有「魚龍曼衍」、「東海黃公」等傳統魔術；在西洋魔術傳入之前，不叫魔術而稱「戲法」、或叫雜耍戲。戲法古稱幻術，當中以喜慶場合中演出的「古彩戲法」最為突出，演員在古彩戲法中從無到有、探囊取物、出神入化，嘆為觀止的巧妙手法，鮮明地表現在傳統節目中，絕對稱得上是民間藝術表演的一絕。

中國魔術就是戲法，古彩就是古代堂彩的簡稱，是昔日達官貴人遇有喜慶事在廳堂表演的節目。表演內容則按照中國民間習俗，大都有慶賀吉祥之意。戲法演員在演出時更要遵循傳統規定的身披大褂表演，表演前必須上、下、前、後都要亮相，把蓋布的裏外都讓觀眾看過，只憑着一件長袍大褂，彩單中道具如魚缸、瓷碗、杯碟、花瓶、燈籠、火盆……二十多件實物，全部都帶在身上，雖隔着一件沉重罩衫，尚能步履輕盈、神態自若，給人毫無負重及臃腫的感覺，還要脫袍亮相示眾，若非真有紮實功夫，實難以辦到。

只見表演者大袍往肩上輕輕一披，一舉手、一投足，轉瞬間便變出喻意「年年有餘」四個裝載着兩條金魚在水中游來游去的玻璃水碗；緊接着再抖一抖衣袖，四個滿載着花生、棗子、核桃、糖果喻意「四季興隆」直徑一尺闊的瓷盤魚貫而出。當再次交待後，褂袍又是輕輕的一披，前行五、六步，拍拍腿、跺跺腳，一個側空翻，雙手一拍，神奇的便出現喻意「五子登科」的五個連在一起滿載着水和金魚的魚缸。再一個轉身，緊接着散放在盤中的七個七星酒杯、雙火盆、花瓶、燈籠……等等彩物陸續一一出現。

演員攜帶着二十多件大小不同的軟件或硬件彩單的實物在身上，魚缸、玻璃碗、花瓶……等等，堆疊起來超過一個人高度，而且還有一個燃燒着的火盤，魚缸中的水有兩桶之多，還有跳動着的活金魚，總重量不下幾十斤，藏在身上竟然可以行走靈活自如、落地輕盈、藏得隱蔽、帶得牢穩、取得快捷順手、出手利落，不拖泥帶水的在轉瞬之間，在眾多觀眾睽睽注視之下做到毫不露破綻，其難度可想而知。當中的腰力、臂力、腿力，毫無疑問確是達到超凡入聖的境界，是古彩戲法演員的基本功夫。老實說，直到如今，我抓破了頭也想不出，到底他們怎樣把彩物隱藏在身上。這種登峰造極神乎奇技的演出，現今已是很難再目睹了。

魔術是很吸引及令人驚奇的玩耍，只要是有人群聚集的地方，自必有人想觀賞。現今，隨着賭城拉斯維加斯等娛樂城及電視上的發展，人們對魔術的興趣又再度掀起，因此也造就了很多魔術巨星在舞台上創新的表演，魔術大師一般演出的收費雖是昂貴，但在滿足人們好奇心理及娛樂的需求下，世界各地都有很多支持者，如有演出定必高堂滿座，客似雲來。

9 擺棋局（街頭擺殘局）

中國象棋歷史悠久，是我國最古老的智力遊戲之一，起源於春秋戰國時代，經秦、漢期間繼續發展；棋盤上面的楚河漢界，就是象徵昔日楚（項羽）漢（劉邦）之爭的鴻溝而留下。據唐宋時代最早出現象棋棋譜如《棋經論》、《事林廣記》等顯示，標誌着的象棋棋理、佈局，除是兩人的競技，實融會貫通了古代戰爭中的作戰策略與技巧。在棋盤對弈過程中，不僅具有雅俗共賞的娛樂性，更是我國人民藝術與智慧、古代歷史文化的集體結晶。

常聽人說：「世事如棋局局新」、或如圍棋說的「一子錯滿盤皆落索」，不外是說棋局是複雜、變化多端，既要通觀全局，又要洞察局部突變，預先計算步驟、分析內裏漏洞風險，對弈時更要集中精神，注意棋子變化，否則只要一子錯下，就會全盤受到牽連的輸掉。由此證明，給孩子學習象棋，實是提供兒童身心健康智力發展的一種益智遊戲，除學習到精湛的棋技外，更通過弈棋的訓練，培養出孩子的深層思維、沉穩的定性、專注力、判斷力、邏輯推理，更從輸棋挫折過程中培養出日後堅強的毅力及耐力。

象棋的棋子分紅、黑兩色，共三十二隻，紅棋方面（除帥是一隻、兵有五隻外，其餘的俥、傌、炮、仕、相都是兩隻。）與黑棋方面（也是將有一隻、卒有五隻，其他的車、馬、砲、士、象亦各有兩隻。）的棋子，分紅、黑色的兩組，每組各十六隻，規律整齊的分別排列於楚河漢界的兩邊。兩軍對壘，競技目標明確的是一種「擒王棋」，即任何一方的帥或將，若被對方「將軍」，這盤棋就要即時的認輸，所以對弈者不論是在進攻或在防守策略中，都是想盡辦法擒獲對方的王，或保護着自己的王不要被對方捉住。對弈兩方雖僅憑紅黑十六隻棋子的變化，但其中佈局之巧妙，浩瀚如海的博大精深，當中的變化莫測，實難以短篇盡說，本人技淺，篇幅中恕不論及了。

象棋當中也有極適合小孩子玩的「暗棋」，俗稱「盲棋」，玩的方法是將所有棋子背面向上，令人看不到棋子是甚麼，然後兜亂棋子，再逐個逐個的擺放在剛好三十二格的半邊棋盤格子內。未翻開的棋子稱為暗棋，翻開了的就叫明棋，雙方輪流行走，每次可選擇翻開暗棋，或移動自己的明棋又或吃對方的明棋，除了炮可以跳一格吃棋子外，其他的棋子每次只能夠移動一格，規則中除了帥、將不能吃卒和兵，而卒可吃紅帥、兵吃黑將這兩項特別例子外，其他的就要依照規定將、車、馬、砲、士、象、卒的大小順序來吃，較大的可吃較小的，而小的就不可以吃大，同級可吃同級，紅子和黑子弈法相同，當某一方的棋子完全給吃光（俗稱剝光豬），另一方就是勝利者。

說到捉盲棋，得說說我和四歲大的小孫女（圓元）捉盲棋的有趣故事。不知怎的，老貓燒鬚的我永遠都是她手下的敗將，她有一套自定的安全攻略，就是首先把對方所有的卒或兵一隻一隻的先吃掉，這樣她的帥或將就可以立於不敗之地，自然而然地她就會贏，當初我也不明白，為甚麼每次跟她捉盲棋，她都可以輕而易舉的把我的卒或兵翻到來吃？後來才知道真相，原來小靈精眼力銳利，竟早早就把那十個兵卒背後的木頭紋理看得清清楚楚，試問這樣子我又焉能不輸給她，如果她連將、帥兩棋也一併認出，則更戰無不勝萬無一失。從中可窺見，適者生存的道理，實與生俱來，孩子一樣也具有高深謀略的思想，雖則有點取巧，但靈活變通本性，真不可以小覷。

閒話就此帶過，言歸正題，記得童年時，途經熱鬧的街道，或公園涼亭石櫈附近，經常看到有人在地上擺着幾盤象棋殘局，旁邊一大群人圍觀着，場面非常熱鬧。群眾議論紛紜，有人專注地觀察棋盤上的殘局，也有旁觀者游說他人入場跟擺攤者對弈，入場規則：一，攤主會先讓對弈者選擇紅黑棋子的任何一方；二，押上賭注

的賠率為1：2（即輸一百贏賠兩百）。條件看似是對參弈者特別的優厚，一些象棋愛好者看見別人破解殘局贏錢時似是很容易，也會被吸引得心癢癢的躍躍欲試，但當自己出手，就怎樣也贏不了；若是因此不服氣而繼續賭下去的話，到頭來定輸到身無分文。

有人說，此類街頭擺殘局的棋檔實是一個街頭騙局，是一種引君入甕的設賭局行騙，能贏錢的其實都是他們自己的人，因此奉勸貪小便宜的棋友，看看熱鬧則無妨，千萬不要上當。不過，說得或許是偏頗一點，也不能「一竹竿打沉一船人」，可能真有些喜歡從事這門職業的人，藉此維持生計，而不是存心想行騙。事實上，他們棋盤上所擺設的都是象棋棋譜上有名的殘局精華，看似簡易，實則高深，普通象棋愛好者很難破解得到，根本是無法獲勝；而那些所謂「高手」的殘局擺檔者，棋藝也不見得真是高超，只是他們背熟了棋譜而已。據一些棋藝資深的老行家說，即使是嚴格按照棋譜上的每一步走法，頂多也只能下成平局，既然是有輸無贏的玩耍，那就不要試圖與「殘局高手」較量了，免得輸了錢不服輸，而又懷疑自己是否被騙。

近年來，由於象棋可以提升孩子的腦力發展，以教育為主題的趨勢下，各地的象棋棋院，恍如雨後春筍般的湧現，並發展成為另一類的教學專門行業，使象棋這門中華文化瑰寶得以傳播。不過，時移世易，由於坊間遊戲多不勝數，參與象棋遊戲的孩子就沒有以前那麼熱衷；更隨着資訊科技的高速發展、電子網絡的興起，電腦、手機的普及，電腦上新奇虛擬的玩意，琳琅滿目的比比皆是，我們隨時也可以跟電腦玩玩象棋遊戲，不過，電腦永遠是贏家，真沒趣的不好玩！看來，人腦真的不如電腦了，我們上了年紀老的一輩，是追趕不上新時代了。現今，偶爾尚見有些退休老人在公園或鬧市中與友人象棋對弈作消遣外，街頭擺殘局的「高手」已消失不見。

10 碼頭海鮮檔

香港雖只是一個彈丸之地，但是雲集的各種美食卻是一應俱全的應有盡有，名副其實的確是一個美食天堂。至於說香港吃甚麼最好，無可否認的當然是海鮮。眾所周知，香港這個國際大都會，昔日原是一個小漁港，因位處沿海，故除了船隻停泊碼頭對外作貿易運輸交通站外，一直也是當地原居民以捕魚為生之地，故而漁市場遍佈，吃海鮮自然成為香港獨有文化之一。

五、六十年代香港還沒有成為現代化大都市之前，沿海一帶仍有很多靠漁業營商的人，例如：新界沙田郊野沿岸的海邊，岸上除了一片片大耕地及寥寥落落的村屋外，放眼遠望，遍佈於岸上的都是些木板蓋搭起一檔檔佈置簡單、門前擺放着一盤盤魚蝦蹦蹦跳的海鮮食肆。記得，那個時候，我家的孩子年紀還小，一家偶爾也會乘搭火車到沙田郊區走動，旅遊最大的目標和享受當然就是吃，中午找一間相熟的海鮮檔坐下，跟着便是開懷大吃（吃些普通海鮮，結賬也不會很昂貴），享受着那微風輕輕的吹來，嗅嗅飄來的海水鹹味，欣賞一下岸邊自然郊野景色，亦一樂事。

隨着潮流的轉變，香港已不再是昔日的一個小漁港，而是遍佈高樓大廈的國際大城市，雖然說沿海地區的海岸線越來越向前推，樓宇起得也越來越高，舊城市的漁業亦離我們越來越遠，海上的魚鮮也越來越少，但若想吃海鮮的話，仍沒有問題，香港還有很多沿岸一帶的海鮮食肆可以讓你解饞，例如鯉魚門、長洲、南丫島、流浮山、西貢……等等。說起西貢吃海鮮，令我想起蘇家一族每年農曆八月的秋祭，子孫們浩浩蕩蕩數十人乘船到西貢山麓拜祀七世祖良輝公，之後，回家途中經西貢碼頭的海鮮街，海鮮街內全是一排排臨海的餐館，餐館前的大小魚缸裏，滿裝載着活蹦亂跳的大魚、大蝦、螃蟹、魷魚、貝類、牡蠣……等等，我們每年一度的晚飯例必在那裏吃。

吃海鮮，就得提及這兩座人盡皆知漂浮在香港仔海灣上，中國宮廷式設計，展現得鳳閣龍樓、雕樑畫棟、金碧輝煌、美輪美奐，具有四十多年歷史國際著名皇家氣派的「太白海鮮舫」和「珍寶海鮮舫」，這兩座「海上皇宮」，堪稱是國際級達官、富豪、商賈雲集宴客場所。

（編按：「珍寶海鮮舫」，於官方網頁宣佈，因受新冠肺炎疫情影響，已於二〇二〇年三月三日暫停營業，所有員工亦被解僱，直至另行通知。而隔鄰的「太白海鮮舫」亦早已結業。輝煌四十多年的兩座「海上皇宮」，由繁華走到停業，實標誌着香港旅遊業的前景，兩顆「海上明珠」的隕落！）

還有開業至今已超逾半個世紀，位於屯門青山公路咖啡灣，面臨海景，著名的「容龍海鮮酒家」，在一九八九年前原名「容龍別墅」，一九九三年重建後，易名「容龍酒家」，數十年仍舊保存着原有的舒適環境。該處除了吃酒家餐牌的海鮮外，更可自行到附近的三聖碼頭購買，然後交與容龍大廚處理。保持傳統菜式亦滙集了西方料理，廣為懷舊人士及新潮人客歡迎。

以上說的都是一些外出吃海鮮的酒樓菜館，可是，外出吃海鮮，一般都是「海鮮價」的花費高昂而不划算，最實際的還是在海鮮市場上買回家自己烹調，雖然自家烹調煮出來的海鮮花樣款式不多，也沒有大廚弄的鑊氣和火候好，但勝在一年四季都可以在市場上購買到鮮活的魚鮮，都可以在家中品嚐到鮮活魚鮮的真滋味。老實說，任何一種海鮮，只要是新鮮，無論簡單的清蒸、白灼或是用其他方法來烹調，都可以做得一樣出色兼味美。

購買鮮活魚蝦或其他海產，除了在鮮魚市場或普通街市可以購買到外，還可以向一些靠近碼頭的蛋家漁民購買，他們的漁船每日在海域內撈獲的活海產，除了挑選特別品種及大小適合的魚獲交給各酒樓食肆外，餘下的一般都會在碼頭附近擺設地攤向客人兜售。

每天早上或傍晚時分，沿海邊的街道或碼頭附近，

經常會見到一些水上人（俗稱蜑家人），在地上擺放着一桶桶或一碟碟仍在蹦蹦亂跳的魚、蝦、蟹、貝殼等生猛海鮮，向途人兜售，海產雖不是精選及大小不一，但勝在夠新鮮及價錢較便宜，故此，也有很多路人向她們選購心頭的愛好。

想不到，如此簡單的海鮮擺檔，也招徠不法騙徒的行騙，老千手法可謂層出不窮，一個不小心，輕易的便會中招受騙。我也曾親身經歷過，記得，多年前途經北角碼頭附近，見有數人在路旁擺賣海鮮，我便選買了一盤約斤餘重仍蹦蹦跳的游水活蝦，準備晚餐白灼食用，明明清清楚楚地見到漁販是把整盤活蝦倒入一個深灰色的大膠袋裏，可是回家打開一看，袋中除了是水及數塊石頭之外，蝦的蹤影一隻也找不到，也不清楚他們在甚麼時候換掉？怎樣換？最後白灼蝦吃不成，丟了錢，也惹得一肚子的氣。常聽人說「船頭過路客，過海是神仙」，騙得就騙，騙徒就是利用客人這種心理，不怕人客會遠道特意回頭的控告他們，因而屢屢得逞。幸虧這只是少數害群之馬的行為，其實也不必太過擔心。若是喜歡在碼頭地攤購買海產吃的市民，購買時務必要打醒十二分精神，以免上當受騙了。

11 魚、蝦、蟹街頭賭檔

上篇剛說完街頭賣的海鮮魚蝦蟹，湊巧地今篇寫的也是魚蝦蟹，不過，本篇說的可不是吃的海鮮魚蝦蟹，而是骰寶中的一種博彩遊戲。無獨有偶地我連續寫的兩篇擺象棋殘局及擺賣海鮮檔，當中涉及的都有些關乎街頭行騙的不法勾當，魚蝦蟹骰寶的賭檔，更是街頭老千慣用的施展伎倆。由於當事人被騙後不會擴大來追究，加上本身也有點貪念，騙徒就是看準這點，故在行騙時往往便有機可乘的無往而不利。行騙的手法，五花八門、層出不窮、防不勝防，其實，明知十賭九騙、長賭必輸，然而還有那麼多人上當被騙，究其原因實是願者上鈎，貪字變貧，輸了也怪不得他人。

魚蝦蟹骰寶這類街頭賭檔現今已少見，不過，在我兒時，在人流眾多的地方或街市附近，經常會發現一檔檔三、五成群的人，設局聚賭的場面出現，其中也有玩魚蝦蟹骰寶的賭博遊戲，有人在旁不停地叫喊：「發財埋便，買得多賠得多……」。他們的檔口擺設很簡單的只有一張開摺枱，在開摺枱的上面分別刻畫上魚、蝦、蟹、金錢、葫蘆、雞的六個圖案，平放着給客人隨意下賭注。賭具就是三粒骰子，每粒骰子的平面上分別雕刻着以上說的六個圖案，以及給莊家作搖骰用的一隻圓碟和一個碗蓋。

玩法很簡單，就是莊家搖動骰子後，閒家便可隨意押注於枱板圖案中的任何一門或多門，當骰盅揭開，閒家下注那一門開出莊家就要賠錢，三粒骰子若搖中一隻的，莊家就要賠同樣下注金的一賠一、搖出二隻就要一賠二、若全搖中三隻就必須一賠三，若搖不中的那一份，就會輸給莊家。

想像之下，假設你六份圖案都放下同一樣的注碼，開出來的是三粒不同圖案的骰子，你的確是可以贏得三份錢，但同樣地亦是輸掉了其他三份錢，看似莊、閒輸贏機會均等；不過，倘若開出三粒骰圖案同是一樣，無疑其中的一份是可以贏得一賠三賠率，但其他的五份卻輸掉了，比對計算一下，每一局就自動輸掉了兩份；又或一份開出同樣的兩個……。總而言之，這種有輸冇贏的賭局，長賭必輸！最後閒家必定清袋離場。從表面看賠率已屬不公平，何況更沒有計算及正常概率在內的比例，如此賠率實在比娛樂場所的骰寶、百家樂……等等的賠率更不如。縱然幸運地給你重注買中得獎那一份，卻要分分鐘提防莊家藉詞「走鬼」的挾帶着資金竄走，最終仍然弄到血本無歸，勸諭少參與此等賭局為妙。其實凡是這類街頭不法之徒的騙人勾當，也算不上是正式行業，只能視為某類行業中所衍生的壞分子而已。

魚蝦蟹，又稱魚蝦蟹骰寶，它確是一種有牌賭博遊戲，據聞，現在澳門娛樂場所（賭場）仍有這種博彩遊戲，其形式與賠率跟另一種骰寶遊戲（玩大小點數）賭博的方法基本上是相同，不過採用的骰子不是用點數（由1點至6點），而是由魚（紅色代表一點）、蝦（綠色代表二點）、葫蘆（藍色代表三點）、金錢（或老虎，藍色代表四點）、蟹（綠色代表五點）、雞（紅色代表六點）的六種圖案代替，六種圖案分別刻在各骰子的平面上，三粒骰子重量同是一樣，分紅、綠、藍三個組合，每組正、反兩面的圖案同是一樣顏色，而且相加起來都是七點。把三粒骰子一齊撒入一個特製骰盅搖動後（翻骰不算），閒家即可開始下注。

如果依靠計算或策略去玩「魚蝦蟹」，或許撇除運氣好能贏得莊家錢外，基本上，一切結果都是基於概率問題，若參與不公平的賠率下，長賭必輸。若說「小賭可怡情」，倒不如真的到持牌娛樂場所裏碰碰運氣，賭它一把，或許尚有些勝算。其實所有賭博性質的遊戲都不應抱着「贏大錢」的心態，偶作娛樂性質玩耍一下亦無傷大雅。

魚蝦蟹骰寶博彩遊戲，玩法簡單而易於上手，老少咸宜，同時又可容納多人參與，是一種極受歡迎的中國傳統遊戲。玩耍中面對魚蝦蟹栩栩如生的鮮艷圖案、骰子在滾動時不斷發出「嘓嘓、嘓嘓……」清脆的撞擊聲，夾雜着孩子們中獎興奮時的歡呼，熱熱鬧鬧地與家人或親友歡聚一起的來玩耍一下，實平添了不少家庭的歡樂與喜氣，因此，「魚蝦蟹」骰寶的博彩遊戲，是家庭新年喜慶場合中多備有的遊戲節目。

結語

回顧過往香港百業風貌演變的歷史，就像我們探討社會經濟的探熱針，經濟的發展與昔日港人的生活更是息息相關。從探討香港小販、就業工人的歷史中，戰前街檔、行販、就業工人……遺留下來的種種痕跡，當中亦頗多令人懷念，至今仍為港人所津津樂道。回顧近百多年來，無論「它」是否已是消失，抑或式微，或是適應時代的蓬勃發展，一直以來也是香港人生活特色之一，更是史上值得重視的一環。

後記

何淑珍

攝於香港中文大學新亞書院「合一亭」

寫此「香港戰前街檔、行販各業的式微與發展」諸篇，本是先夫慶彬繼編撰《清史稿全史人名索引》完書之後，病中後期寫給大女兒美璐，擬給她備作插圖的簡單敘述手寫草稿，並告訴女兒此類草稿完成構思的已近八十篇；部份更附上簡單的圖片說明，以便她繪畫插圖之用，若她感興趣畫此書時，才認真的給她詳細敘述說明。

可是，篇中序言，他卻早早已擬就寫好了。

先夫開宗明義的在手寫稿中簡單說明，此書是香港尚未進入現代化之前香港史的一個階段，全部都是描寫當時街頭小販的各類行業，其實亦因應當時部份港人生活方式的概況而寫。由此可見，他撰寫此類稿件的心態，純以記述香港戰前至二戰重光後百業待興的環境下，早期港人的刻苦經管、賴以維生的種種事跡，更略述時代蛻變後各行各業的發展與式微，聊作歷史的見證而已。

不過，另一方面從他早早已擬就寫好的序言來看，丈夫是很期待能與女兒合作完成此書的。老實說，有一個擅長繪畫插圖並在國際上薄有名氣的女兒，是多麼不容易啊！私心裏自然很冀盼父女兩人能合作完成此極有意義的圖文書以作留念，可以說是他人生的一件稱心愜意事，此亦是人之常情如是的想吧。可是，歲月不饒人啊！二〇一六年九月九日，他已不幸辭世了，今後女兒縱使有意替此書繪畫插圖，父親卻已不能再認真的給她詳細敘述說明了，說來也確是丈夫的一件憾事！

回顧丈夫遺留下近八十篇的簡單短文，大部份更配上粗略的圖文說明，細看之下，很多篇亦是我兒時目睹，並曾與母親歷次經歷過的街頭小販擺賣生涯，憑着信念與不自量力的念頭，雖是學養之不足，更怕述說的不當，心中不無惶恐，處於忐忑不安心情下仍輕率操觚，冀依據丈夫寫就諸篇的圖文解說中，替他再作補充，並加以文字詳細敘述說明，倘有錯漏訛誤之處，祈有識之士，敬希見諒！至於文內插圖則留待女兒美璐繪畫了。

我只冀望能在晚年的殘餘記憶中，在完成先夫撰寫的《飛鴻踏雪泥——從香港淪陷到新亞書院的歲月》一書之後，這是再次為他完成的最後一件心事，使他毫無遺憾地離開而已。先夫也曾經說過，他寫這類文稿，其用意當有別於坊間記載的純粹以描述昔日香港風情意境有所不同，希望我撰寫完畢之後，能符合他寫這書的本意，更能達成他的心願，讓這書能夠出版。

幸運地，得女兒美璐樂意的替此書繪畫插圖，更得「天地圖書」編輯吳惠芬小姐力向公司引薦，又蒙「天地圖書」董事長曾協泰先生不以見嫌的得以出版，復建議用《香港舊百業風貌》為書名，多貼標題的書名，我想丈夫一定會喜歡，謹代先夫向他們致以衷心感謝！在此機緣巧合下，我終代先夫完成他那未能完成的心願——跟女兒一起合作出版此《香港舊百業風貌》圖文書。料想，丈夫若是有知，定必稱心愜意、釋懷而無遺憾矣！

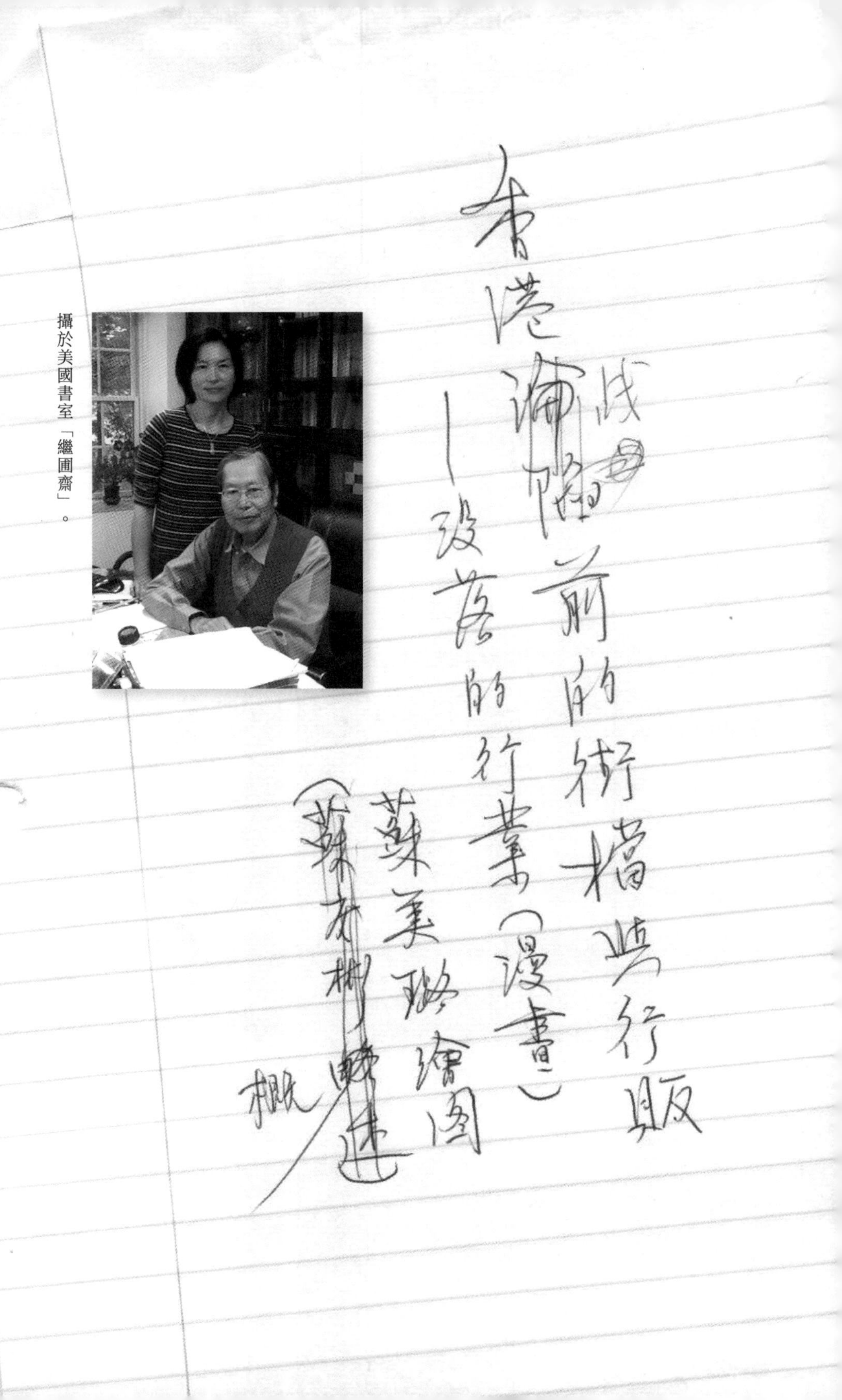

攝於美國書室「繼圃齋」。

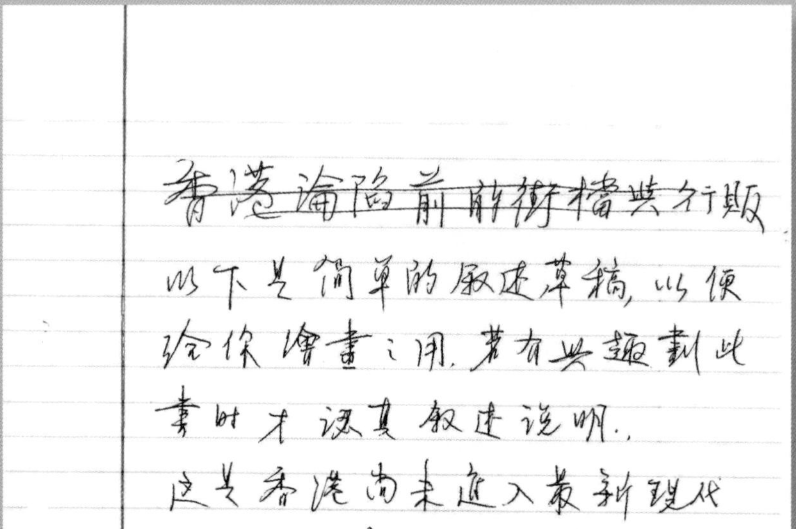

~~香港淪陷前的街檔與~~行販

以下是簡單的敘述草稿，以便給你繪畫之用。若有興趣創此書時才詳真敘述說明。

這是香港尚未進入最新現代化之前的香港史的一個階段，描寫香港當時人的生活狀況之部分

此書全部是描寫小販的行業（回憶起的現在有六十多篇，現仍在思考中之是否有遺漏。作品與[illegible]的昔日風情不相同，但可以參考

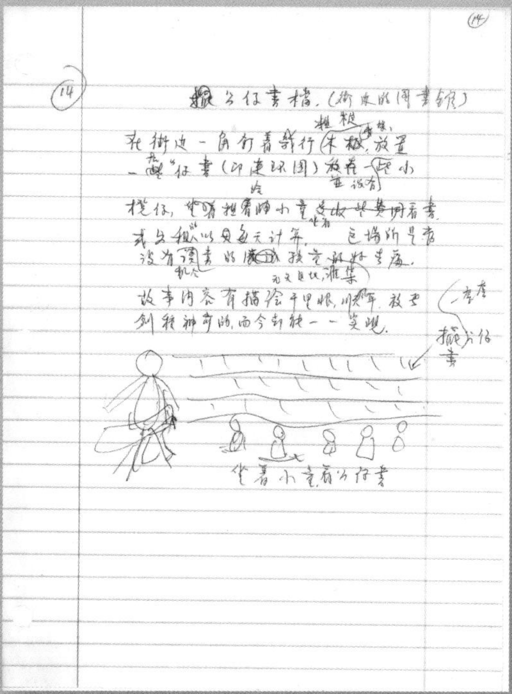
(14)
擺公仔書檔（街邊的圖書館）
在街邊一角有書報行（木板）放置一疊疊公仔書（即連環圖）旁邊有小櫈，供喜歡看書的小童坐着看書，或是租以每本計算。這場所是設有讀書的地方，找些好書看。
故事內容有描繪千里眼、順風耳、放飛劍種種神奇的，而今卻統一一笑睇。
擺公仔書
坐着小童看公仔書

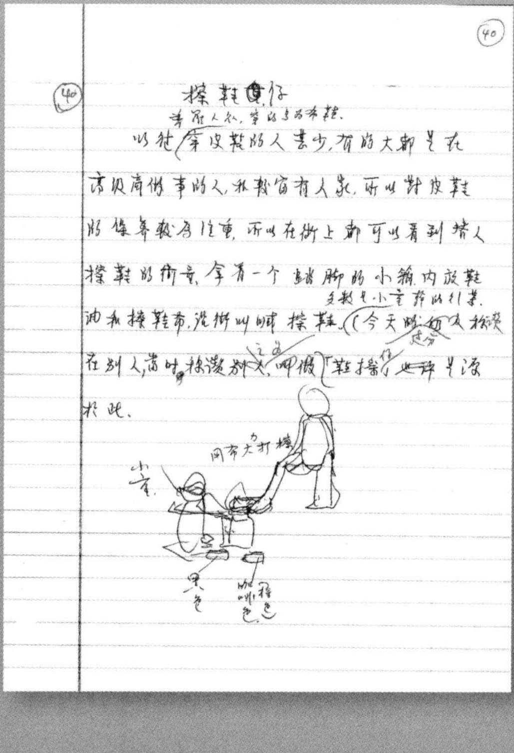
(40)
擦鞋仔
以往穿皮鞋的人甚少，有的大都是在洋行商務事的人，和殷富有人家，所以對皮鞋的保養較為注重，所以在街上都可以看到擦鞋的行業，拿着一個墊腳的小箱內放鞋油和擦鞋布，沿街叫喊「擦鞋」。（今天的人在別人面前擦鞋，叫做「鞋擦仔」也許是源於此。
用布大力打擦
小童
黑色
咖啡色

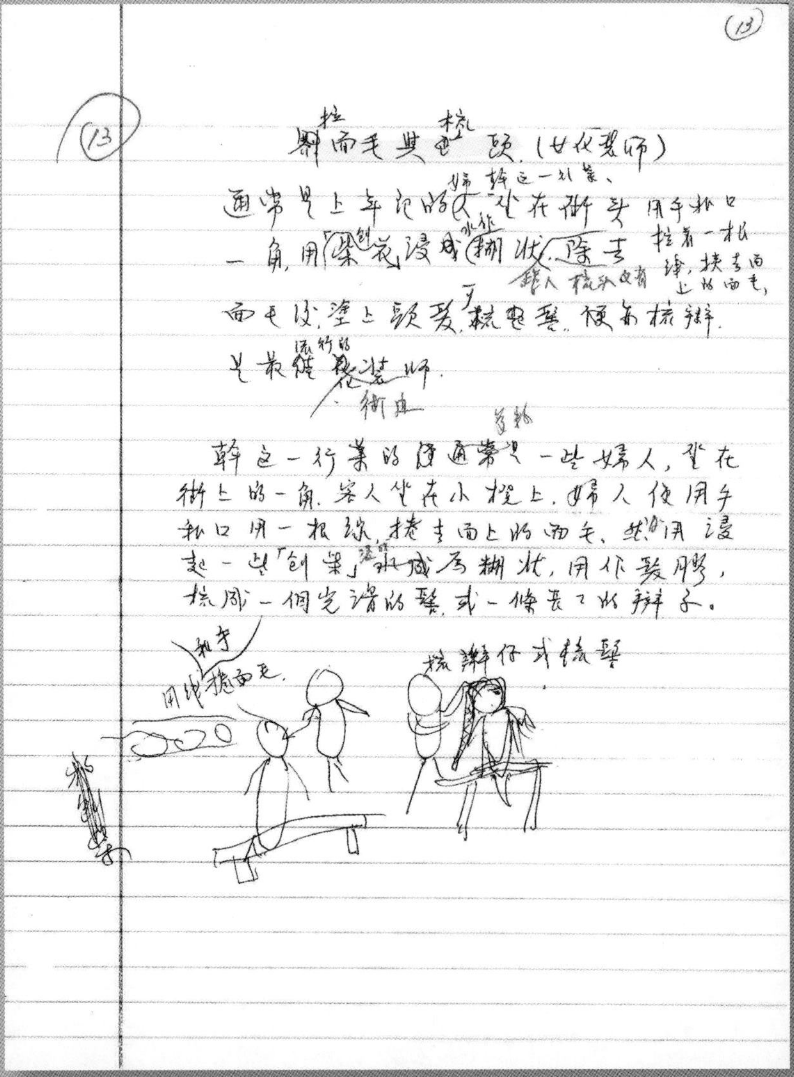

(13)

拉面毛與梳頭（女化裝師）

通常是上年紀的婦人，坐在街頭一角，用「刨花」浸成糊狀，除去面毛後，塗上頭髮，梳出髻，便為梳辮。是最流行的街頭化裝師。

幹這一行業的通常是一些婦人，坐在街上的一角。客人坐在小櫈上，婦人便用手扯口用一根線，捲去面上的面毛，然後用浸起一些「刨柴」液汁成為糊狀，用作髮膠，梳成一個完諧的髻，或一條長長的辮子。

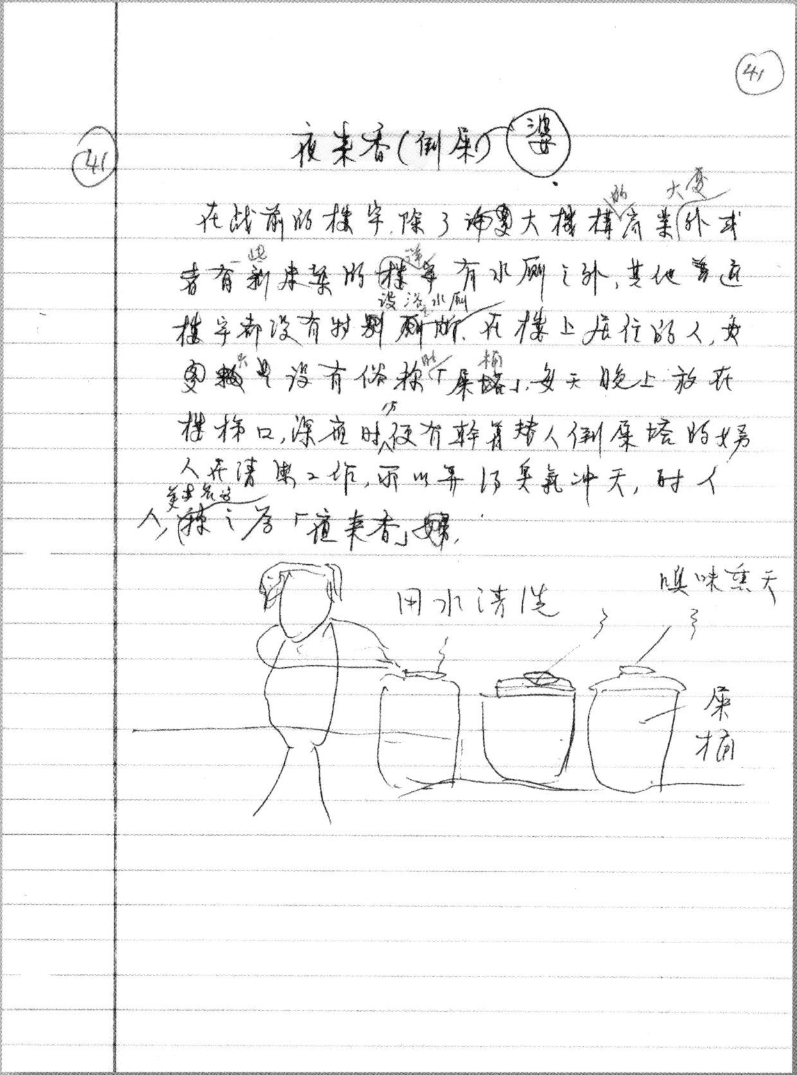

41

夜來香（倒屎）婆

在战前的樓宇，除了洋樓大機構商業的大廈外，或者有一些新建築的洋樓有水廁之外，其他舊式樓宇都沒有設沖水廁所，在樓上居住的人，只要沒有俗稱的「屎桶」，每天晚上放在樓梯口，深夜时便有专門倒屎塔的婦人來清潔工作，所以弄得臭氣沖天，时人人美其名為「夜來香」婦。

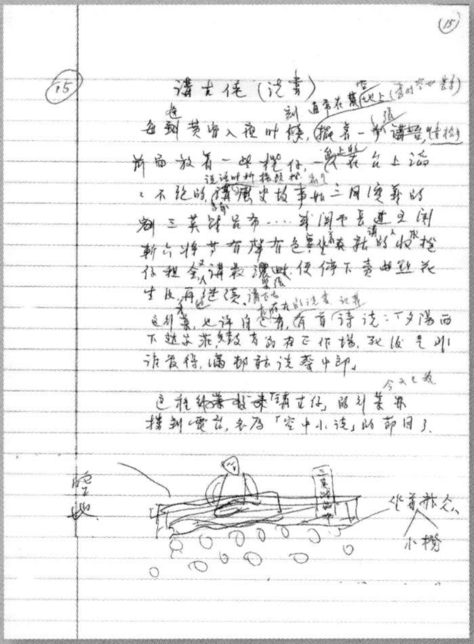
講古佬（說書）
小樓

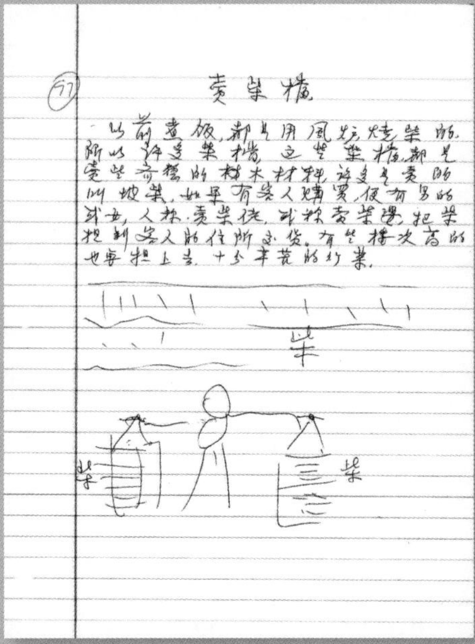
賣柴橋
以前煮飯，都是用風爐燒柴的，所以許多柴橋。這些柴橋，都是堆些奇怪的樹木材料，許多賣的以地柴。如果有客人購買，便有另外的工人，人稱賣柴佬，或稱賣柴漢，把柴挑到客人的住所交貨。有些樓層高的也要挑上去，十分辛苦的行業。
柴
柴

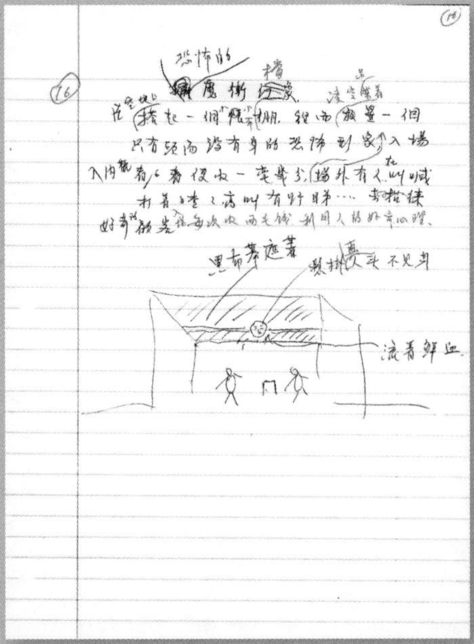
恐怖的
流著鮮血

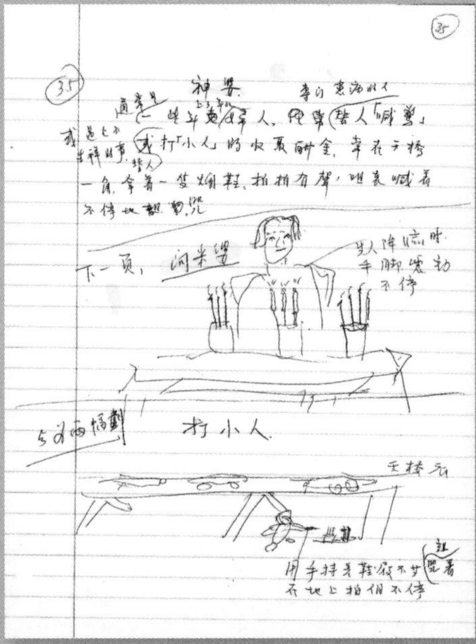
神婆
打小人

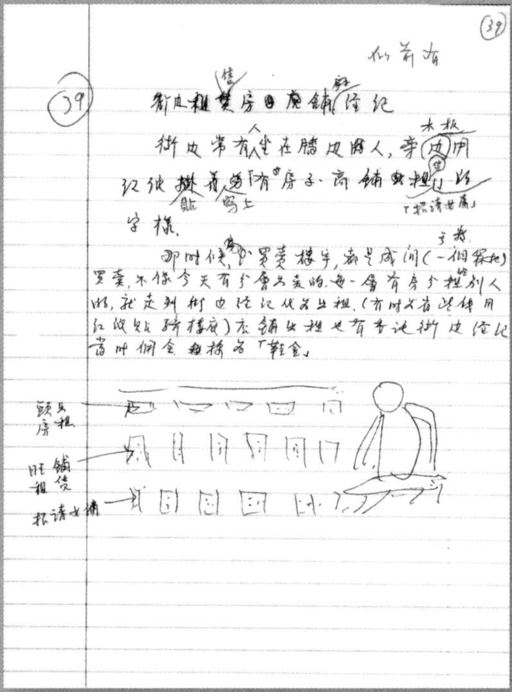
39
仿前者
39
街边租赁房屋铺位纪
街边常有人坐在墙边的人，专用木板红纸写上房子、商铺出租的字条。
那时候，租买楼宇，都是成间（一個單位）买卖，不像今天有分层出卖的。每一层有房分租给别人的，就走到街边纪代写出租。（有时也有些人用红纸贴骑楼底）商铺出租也有找这街边纪，当时俗称为「鞋金」
头房出租
铺位旺租
招请女佣

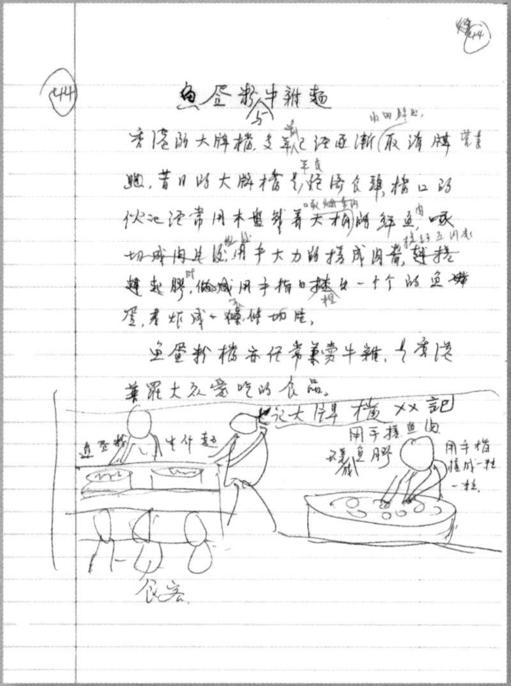
44
44
鱼蛋粉牛腩面
香港的大牌档多年已经逐渐取消牌照，昔日的大牌档是经济食肆，档口的伙记经常用木盘斜着大砧的鲜鱼，
切成肉片後，用手大力的搓成肉酱，搓起胶，然後用手指捏出一个个的鱼蛋，煮炸成一條條的切片。
鱼蛋粉档亦经常兼卖牛杂，是香港普罗大众爱吃的食品。
××记大牌档
鱼蛋粉
牛什面
用手搓鱼肉
搓鱼胶
用手指捏成一粒一粒
食客

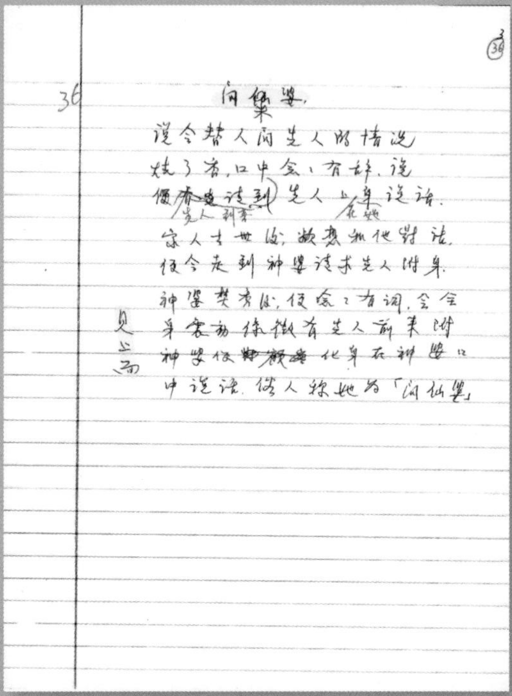

問米婆

這是替人問先人的情況
燒了香，口中念念有辭，說
便先人上身說話。
家人去世後，想和他對話，
便會走到神婆請求先人附身。
神婆焚香後，便念念有詞，全
身震動像徵有先人前來附
神婆便化身在神婆口
中說話。俗人稱她為「問仙婆」

見上面

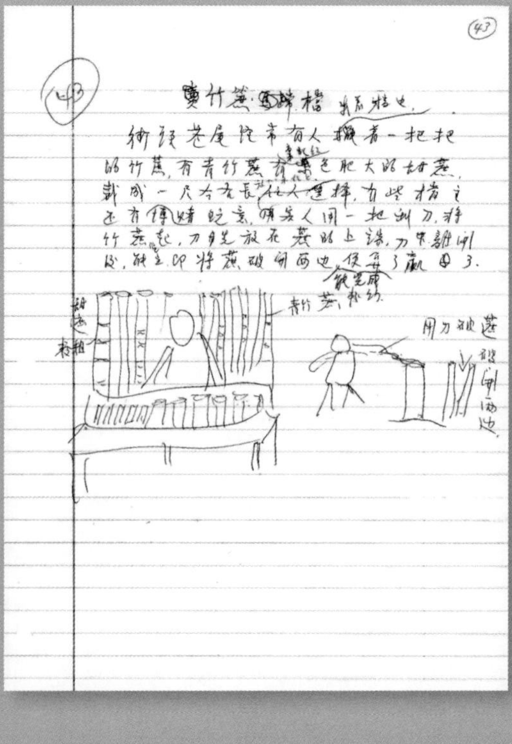

賣竹蔗、蔗檔

街頭巷尾常有人擺着一把把
的竹蔗，有青竹蔗，有紫色肥大的甘蔗，
截成一尺多長，任人選擇，有些檔主
還有博蔗的意思，就是人用一把剖刀，將
竹蔗豎起，刀身先放在蔗的上端，刀未翻倒
之，就立即將蔗破開兩邊，便贏了蔗。

76

麻雀出租

許多街坊檔，都具有多盒麻雀牌，由於許家庭主婦閒時便在左鄰右里招喚着麻雀腳玩耍過日子，有些小店舖收市，夥伴記住在店裡無事便向租賃麻雀檔口租麻雀牌，所以檔口收取微薄租金，招徠。好玩耍的人亦不用買麻雀牌，因為一般租金只用賠客物外的，因此也省得購買，及要存放地方。

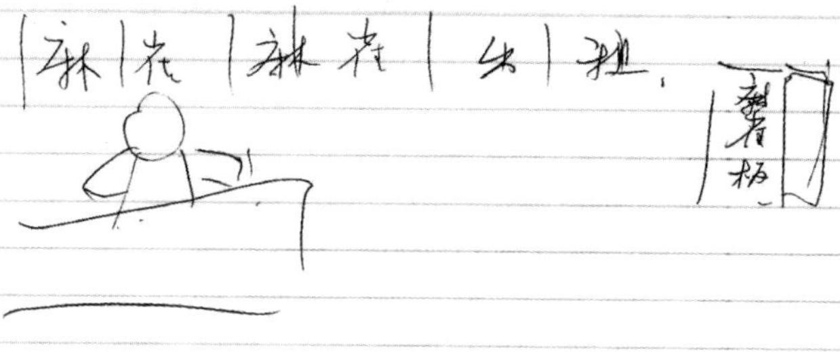

致謝篇

何淑珍

先夫慶彬「香港戰前街檔、行販的式微與發展」的諸篇遺稿，得以成書，實有賴天地圖書編輯吳惠芬小姐力向公司引薦，幸蒙該公司董事長曾協泰先生不以見嫌的此書得以在天地出版，並得曾先生建議用《香港舊百業風貌》為書名，謹此致謝！其間又得龍俊榮先生、許希偉先生之協助文字整理，倪鷺露小姐費神的為本書美術設計，特此一併致謝！

榮幸地得到蔡瀾先生在《香港舊百業風貌》書中插圖題上標題文字，令此書有畫龍點睛之效，在此特表謝忱。

撰寫期間，得誼姪兒葉敏中先生之多方協助，提供有關香港舊百業照片及部份圖片資料供我作參考，謹此致謝。

在此，非常感謝天地圖書玉成出版，與及編輯部各方面的加以協助，特此謹致以衷心感謝！

最後，本人蘇何淑珍誠意的謹代先夫向上述諸位致以衷心感謝！感謝各位對《香港舊百業風貌》的支持及協助，謝謝！

作者簡介

蘇慶彬（一九三二年——二〇一六年）

一九三二年生於故鄉廣東省惠陽縣，卒於二〇一六年美國新澤西州。

一九五六年畢業於新亞書院文史系，旋即入讀新亞書院研究所，畢業後任助理研究員、副研究員、研究員，其後出任中文大學新亞書院歷史系教職兼任歷史系系主任，直至一九九三年榮休，凡二十五年。其間主要講授「中國通史」、「秦漢史」、「魏晉南北朝史」、「中國歷史要論」及「中國文化史」諸科。

何淑珍

於一九四二年廣東東莞出生，年幼喪父，淪陷期間隨母流亡至香港，自此視香港如家鄉。

婚後專職相夫教子，直至兒女長大，丈夫退休後，隨夫移居澳門凡十八年，閒時涉足股票市場自娛。晚年與丈夫移民美國兒子家，對香港舊事，念念不忘，寫下《珍收百味集》一書。

後丈夫因病辭世，鬱悶難抒，心中淒苦，藉書信寄語丈夫，因而再寫下《窗前小語——給丈夫的信》一書，略以釋懷。

為圓丈夫欲與女兒合作出書的心願，代編寫了《香港舊百業風貌》一書。

蘇美璐

生性懶散，不學無術，小時候常被父親責罵「只識食、玩、同睇電視」。

十四歲「流學」英國，僥幸能畢業於百禮頓美術學院，修讀插畫。一九八七年至今以畫公仔為生。

香港舊百業風貌

蘇慶彬・何淑珍 合著
蘇美璐 全書插圖
蔡瀾題字（八至九頁）

出版 天地圖書有限公司
香港黃竹坑道四十六號新興工業大廈十一樓
電話：2528 3671 傳真：2865 2609
香港灣仔莊士敦道三十號地庫（門市部）
電話：2865 0708 傳真：2861 1541

責任編輯 吳惠芬
文字整理 龍俊榮、許希偉
資料協助 葉敏中
設計 Untitled Workshop

印刷 亨泰印刷有限公司
柴灣利眾街二十七號德景工業大廈十字樓
電話：2896 3687 傳真：2558 1902

發行 香港聯合書刊物流有限公司
香港新界荃灣德士古道二二〇至二四八號
荃灣工業中心十六樓
電話：2150 2100 傳真：2407 3062

出版日期 二〇二一年六月初版／九月第二版・香港